伊藤絵美／杉山 崇／坂本真士 編

事例でわかる
心理学の
うまい活かし方

基礎心理学の臨床的ふだん使い

Ψ
金剛出版

事例でわかる
心理学のうまい活かし方

基礎心理学の臨床的ふだん使い

はじめに

伊藤絵美

●「科学者－実践家モデル」と我々編者の問題意識

　ヴントがライプツィヒ大学に心理学実験室を開設し，実証的基礎心理学の礎を築いたのが1879年，ウィトマーがペンシルバニア大学に心理学のクリニックを開設し，臨床心理学的実践を開始したのが1896年，フロイトがオーストリアのウィーンにて開業し，精神分析の実践を始めたのが1880年代になります。つまり基礎心理学も，心理学（および精神医学）における臨床実践も，20世紀をまたいでかれこれ100年を超える歴史を持つに至りました。最初は基礎心理学と臨床心理学はそれぞれ別のものとして扱われ，専門家はそれぞれの領域でそれぞれの研究や実践を続けていました。しかし両者とも「人間の心」を対象とする心理学であることには変わりありません。特に「心理学」と称して現場で臨床を行うにあたっては，その根拠とする「心理学」が信頼に値するものである必要があり，科学性，実証性を理念とする基礎心理学の知識や方法を心理臨床家は習得する必要があります。

　……というしごく当然な結論に至った欧米では，1949年に「科

学者 – 実践家モデル」が提唱され（いわゆる「ボールダー・モデル」），心理臨床家は科学的思考に基づく臨床実践を行うべきであるという基本的信念に基づき，大学および大学院の養成のカリキュラムが組まれるようになりました。そしてその後，そのような理念とカリキュラムのもとで心理学（基礎心理学および臨床心理学）を学んだ人が臨床現場に出るようになり，次第に臨床現場の実践がこんどは基礎心理学やカリキュラム作りに反映されるような動きも見られるようになり，心理学における基礎領域と臨床実践の相互作用が今では当然のこととして行われるようになっています。さらにエビデンスを重視する最近の風潮ともあいまって，現場の心理臨床家が科学的思考や科学的方法を身につけているのは当然のことであるという認識が，心理学の領域においても世の中の一般常識としても共有されるようになってきています。

　ひるがえって我が国日本はどうでしょうか。我々編者の目からは，日本でも欧米と違わず，基礎心理学も臨床心理学も相応の歴史を有し，今もなお着実に進歩していると思われます。基礎心理学の各領域では多くの日本の研究者が先進的で独創的な研究を行い，日本国内のみならず国際的に活躍されており，誇らしい限りです。一方，日本の臨床心理学といえば，1988年に臨床心理士の資格認定が始まり，今のところ民間資格ではありますが，臨床心理学的実践の専門家として一般的に広く知られるようになり，現在約20,000人の有資格者が，医療機関や企業や学校などの現場で「臨床心理士」「セラピスト」「カウンセラー」等の職名で幅広く実践を行っています。また日本心理臨床学会などの学術集会でも，これらの実践を学問的

に共有し，日本の臨床心理学を発展させていこうという動きは活発にあります。つまり日本でも欧米に劣らず，基礎心理学も臨床心理学も実に活発な状況にあるのですが，1点だけ違いがあります。それは上に挙げた「科学者－実践家モデル」が，日本の大学・大学院における臨床心理士の養成において，十分に活用されていないという事実です。言い換えると，科学性，実証性を重視する基礎心理学のトレーニングを受けずして現場で心理臨床を実践する臨床心理士が非常に多いという事実です。

　我々編者3名はそれぞれの立場において，このような日本の現状に危機感を抱いていました。我々は全員，何らかの形で基礎心理学と臨床心理学の両方に焦点を当てた研究や臨床実践を行っており，そのような活動を通じて双方（基礎心理学と臨床心理学）のコラボレーションの重要性や有用性を実感しています。したがって双方のコラボレーションが日本において不足していること，つまり「科学者－実践家モデル」が日本において十分に活用されていないことを大きな問題と捉え，その解決を図るべく，日本心理臨床学会や日本心理学会などでシンポジウムやワークショップを継続的に行い，多くの研究者や実践家と議論や対話を重ねてきました。そこで挙がってきたのが「基礎心理学の臨床的ふだん使い」というキーフレーズでした。どのような基礎心理学の知見をどのように臨床現場で「ふだん使い」できるか，ということを我々が示していくことで，日本において基礎心理学と臨床心理学をつなぐ役割の一端を担うことができるのではないかと考えたのです。そして2010年，そのひとつの成果として出版の機会をいただいたのが『臨床に活かす基礎心理

学』(東京大学出版会)という書籍でした。

●『臨床に活かす基礎心理学』と本書について

『臨床に活かす基礎心理学』(以下『臨床に』と表記)では,次の4点を「ねらい」としました。

1. 基礎心理学における「人間観」の提供
2. 心理臨床に関連する基礎心理学の知見の提供
3. 基礎心理学の知見の臨床における活かし方の紹介
4. 基礎心理学と臨床心理学のコラボレーションの活性化

『臨床に』のなかでも特に多くのページを割いたのは「1」と「2」です。実際には,日本を代表する基礎心理学の研究者の方々に,それぞれの領域の「人間観」を提示したうえで,心理臨床に関連すると思われる基礎心理学の最新の知見を具体的に紹介していただきました。

ちなみにここでいう「基礎心理学」とは,科学性,実証性を志向する心理学を指し,ある程度の知見が蓄積され,ひとつの領域として確立された心理学のことをいいます。『臨床に』の第1章に提示した基礎心理学と臨床心理学の関連性を示した2つの図を再度ここで提示します(図1および図2)。

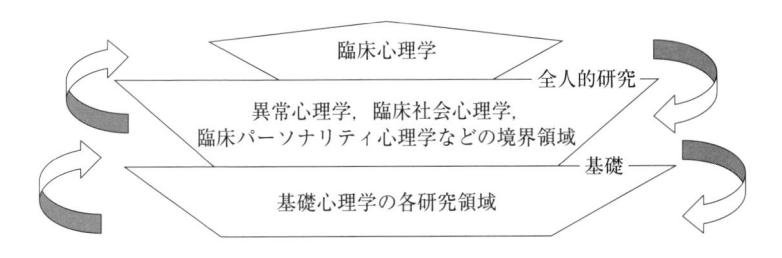

```
        臨床心理学
                    全人的研究
    異常心理学，臨床社会心理学，
   臨床パーソナリティ心理学などの境界領域
                    基礎
      基礎心理学の各研究領域
```

図1　臨床心理学の役割のイメージ
左の上方向の矢印が心理学研究を社会に還元する臨床心理学の醸成を表し，
右側の下方向の矢印が臨床成果の基礎心理学への還元を表す。
(杉山・坂本・伊藤，2010)

　図1は我々が目指している基礎心理学と臨床心理学のコラボレーションの形です。基礎心理学を土台にして，異常心理学研究など臨床的な課題に近づけてさらに研究を重ね，心理臨床に援用しようというものです。

　基礎心理学にもさまざまな領域がありますが，『臨床に』では，そのなかでも特に臨床心理学および心理臨床に関わりが深いと想定される6つの基礎心理学領域を同定し，第一線でご活躍中の研究者の先生方に論文を書いていただきました。図2がそれら6つの基礎心理学領域を含めた，我々の考える心理学の枠組みを示したものです。『臨床に』に掲載した基礎心理学に関わる6つの論文は，どれも当該の基礎心理学の領域についてわかりやすく具体的に解説されており，しかも最新の研究に基づく知見も盛り込まれており，この6つの章はそれだけでも最新の基礎心理学のテキストとして読むことができます。

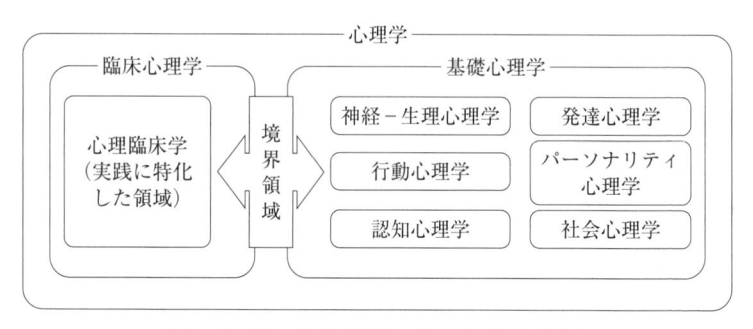

図2　心理学，基礎心理学，臨床心理学の枠組み
（杉山・坂本・伊藤（2010）を一部改変）

　また『臨床に』では，各基礎心理学の論文の次に，「基礎心理学の知見の臨床における活かし方の紹介」という3番目のねらいに基づき，今度は3名の心理臨床家（臨床心理学の実践家）が，ご提示いただいた基礎心理学の知見をどのように心理臨床の現場で「ふだん使い」できるか，あるいは実際にしているか，ということについて簡単に紹介しました。さらに「基礎心理学と臨床心理学のコラボレーションの活性化」という4番目のねらいに基づき，心理臨床家が紹介した「ふだん使い」について，基礎心理学の論文執筆者と，臨床心理学の領域において第一線で活躍されている臨床家および研究者にそれぞれコメントをお書きいただきました。そのようにして「基礎→臨床→基礎→臨床……」という双方向的なコラボレーションを図ったのです。

　このように上記の4つのねらいに基づき『臨床に』という書籍を作ったのですが，この本においてすべてのねらいが十分に実現されていないことについては，出版当初から我々編者は自覚していまし

た。『臨床に』ではどちらかというと，心理臨床家に向けて現場で役立つ基礎心理学の考え方と知見を紹介するのが主目的だったため，3番目のねらいである「基礎心理学の知見の臨床における活かし方」については，少ししか紹介できませんでした。そこで新たに企画したのが本書です。『臨床に』で紹介した基礎心理学の知見を，心理臨床の現場で実際にどう活かすことができるか，具体的な事例を通じて紹介しようということになったのです。したがって本書は流れとしては『臨床に』の続編にあたります。読者の方々にはできれば本書と『臨床に』の両方に目を通していただければと思います（「続編」と書きましたが，先に本書を読んでいただき，後から基礎心理学的な側面を『臨床に』を通じて補っていただいてもよいかと思います）。

●本書で提示する事例について

　上記のとおり本書は，基礎心理学の知見を心理臨床の実践の現場にどのように活用することができるか，事例を通じて具体的に提示することを主目的としています。そこで「基礎心理学のふだん使い」（すなわち「科学者－実践家モデル」）を自覚的に実践している6名の臨床心理士が，それぞれ事例を提示することにしました。心理臨床のアプローチとしては，6名のうち3名は統合・折衷的心理療法，2名は認知行動療法，1名は森田療法になります。「科学者－実践家モデル」を重視する代表的なアプローチとしては認知行動療法が真っ先に挙げられることと思いますが，それ以外のアプローチでも

基礎心理学のふだん使いが十分に可能であることが，6つの事例を通じて読者の方々にはご理解いただけることでしょう。

　事例の内容も多岐にわたっています。対象者としては，中学生から40代までの男女，事例で扱った問題や症状としても，不登校，家庭内暴力，対人緊張，抑うつ状態やうつ病（反復性の大うつ病を含む），気分変調性障害，パニック障害，トラウマの問題，強迫症状，怒りの問題，失調感情障害，生活リズムの問題，幻聴などの異常体験……実に多様です。ここからも，臨床場面で出会う多様なクライアント，多様な問題や症状に対して，基礎心理学のふだん使いが可能であることがおわかりいただけることと思います。

　6つの事例はすべて，基礎心理学のふだん使いという視点のみならず，通常の臨床心理学における事例研究としても内容が濃く，読み応えのあるものになっています。読者の方々には，「基礎心理学の臨床的ふだん使い」という本書のテーマを念頭に置きつつ，事例そのものをそのまま味わってお読みいただければと思います。編者として6つの事例を改めて熟読してみると，「科学者－実践家モデル」を志向する事例でありながら，それぞれの事例が非常にユニークで高度に個別的であることに感銘を受けました。心理臨床においては，アートとサイエンスの両方のバランスをどう取るのかというのが，つねに大きなテーマになるのですが，基礎心理学というサイエンスが，事例においてふだん使いされるなかで，見事にアートの側面を獲得していく過程をリアルに見ることができ，これは本書の大きな「副効果」なのではないかと，ちょっと手前味噌になりますが，そのように自負しています。

なお言うまでもないことですが，本書で提示した事例はすべて各執筆者がクライアントの許可を得たもので，かつ個人が特定できないように改変が加えられておりますことを，ここに明記しておきます。事例の提示を快く許可してくださったクライアントの方々には心から御礼申し上げます。

●本書の構成について

　上で述べたとおり，本書の主目的は，事例を通じて「基礎心理学のふだん使い」の具体的な有り様を提示することです。しかし編者としては，『臨床に』と同様，本書でも何らかの形でさらに多くの先生方とコラボレートしたいと考えました。そこで本書では，経験豊富なベテランの臨床家で，かつ研究者・教育者として指導的立場におられる先生方に，各事例に対してコメントを頂戴することにしました。基礎心理学の研究者ではなく，あえてまず臨床家にコメントをお願いしたのは，本書の事例がそれぞれの執筆者の独りよがりに終わらないようにするという意図がありました。実際，各コメントを拝読すると，本書の主旨に沿った的確なコメントをいただくとともに，臨床家として執筆者とはまた別の角度から事例を検討してくださっており，それが事例研究として読む者にとってさらに勉強になるという，こちらもうれしい「副効果」が得られました。コメントを執筆してくださった先生方には，ここで改めて感謝申し上げたいと思います。ありがとうございました。

　ところで，本来であれば，基礎と臨床のコラボレーションという

我々の目的からすると，本書の事例については，基礎心理学の先生方からもコメントをいただきたいところだったのですが，紙幅やスケジュールや構成の都合で今回はそのようにはしませんでした。今後の宿題としたいと思います。

　さて本書の構成に話を戻しますと，各事例において言及した基礎心理学のキーワードについては，巻末に「基礎心理学用語集」を設け，そこで簡単な用語解説をしております。事例を読みながら，適宜参照していただければと思います。ただし本書の用語集は必要最低限の解説しか記載しておりませんので，さらに各用語についての理解を深めたい方は，まず前述の『臨床に』をお読みいただき，さらに『臨床に』で紹介されている参考図書をお読みいただくとよいでしょう。

　さらに今回は，各事例執筆者が「基礎心理学と私」というコラムを書くことにしました。これは各自が臨床家として歩むなかで，どのように基礎心理学と接し，どのように基礎心理学を臨床に活用するようになったか，そして今後基礎心理学とどのように付き合っていきたいか，ということについて個人的な思いを書き綴ったものです。これらのコラムをお読みいただくことで，読者の皆さんには基礎心理学をより身近に感じていただけるとうれしいですし，よりよい心理臨床を追求するなかで基礎心理学が必要になったり役に立ったりすることの必然性が，具体的にご理解いただけるのではないかと期待しています。

　なお本書の読者としては，臨床心理士だけでなく，治療や対人援助に携わるすべての専門家（たとえば医師，看護師などのコメディ

カル，ソーシャルワーカー，教育や福祉や司法に携わる方々など）もしくはその養成過程におられる方々を想定しています。たとえ大学で心理学を専攻しなくても，治療や対人援助において適切に活用すれば心理学は非常に役立ちます。本書を通じてそのことをご理解いただけると思いますし，今後さらに多くの治療者や対人援助職の方々に基礎心理学をふだん使いしてもらえるよう，我々も活動を続けていきたいと考えております。

●最後に

　この「はじめに」は編者を代表して，私伊藤が書かせてもらっています。私は大学で認知心理学を専攻し，その後臨床心理学に活動の場を移し，認知行動療法を長らく実践しております。認知行動療法は基礎心理学と非常に親和性の高い心理療法のアプローチです。エビデンスを重視する最近の風潮のなかで，以前に比べて認知行動療法が注目され，その実践家が増えることは，私にとってうれしいことですが，1点だけ，特に認知行動療法をこれから身につけようとする方々にお願いがあります。本書の事例でもお示ししたとおり，認知行動療法では基礎心理学の概念を心理教育的に提示することが頻繁にありますが，ぜひそれはクライアントの反応を見ながら慎重に行っていただきたい，ということです。セラピストとクライアントの協同関係や信頼関係のないところで，もしくはまだそれらの関係の形成が不十分な段階で，基礎心理学の概念を心理教育することが，援助的に機能するどころか，むしろネガティブな意味で「宣告」

のように機能してしまい，かえってクライアントを傷つけてしまうというケースを時々見聞きします。くれぐれもクライアントとの関係を大事にし，クライアントの反応をきめ細かく確かめながら，慎重に基礎心理学を使っていただければと思います。そのことの重要性を本書の事例のなかで十分に紹介しきれなかったので，老婆心ながら，ここでこのようにお書きする次第です。

　本書の作成にあたっては，多くの方々のお世話になり，さまざまなサポートをいただいております。ここで一人ひとりのお名前を挙げることはしませんが，『臨床に』でご執筆くださった基礎心理学の先生方をはじめ，これまで我々に基礎心理学をご教授くださったすべての先生方に感謝いたします。また基礎と臨床のコラボレーションという地味な活動に理解を示し，応援してくださっている臨床心理学の先生方にも心から感謝いたしております。さらに学会などで我々のシンポジウムやワークショップに足を運んでくださった先生方や若い臨床家・研究者の方々にも感謝申し上げます。皆さんに足をお運びいただいたことが，我々を勇気づけてくれましたし，直接顔を合わせたところで議論を重ねてきたことが，本書の完成を後押ししてくれました。ありがとうございます。我々は今後とも，このような活動を，出版のみならず，学会や研究会などで地道に続けていく所存です。今後多くの方々に我々の仲間になっていただけるとうれしいです。我が国の心理学を，基礎であれ臨床であれ，さらによりよいものとしていくために，少しずつ知恵と力を出し合ってコラボレートしていきましょう。今後ともどうぞよろしくお願い

いたします。

　最後になりますが，本書の出版にあたっては，企画の段階から，金剛出版の藤井裕二さんに多大なご支援をいただきました。あらためて感謝の意を表したいと思います。ありがとうございました。

文　　献
坂本真士・杉山崇・伊藤絵美（編）(2010) 臨床に活かす基礎心理学. 東京大学出版会.
杉山崇・坂本真士・伊藤絵美 (2010) これからの心理臨床. In：坂本真士・杉山崇・伊藤絵美（編）臨床に活かす基礎心理学. 東京大学出版会.

目　次

はじめに..伊藤絵美　**3**
 「科学者－実践家モデル」と我々編者の問題意識.......................... 3
 『臨床に活かす基礎心理学』と本書について...................................6
 本書で提示する事例について... 9
 本書の構成について...11
 最後に...13

事例1　家庭内暴力，抑うつなどを呈した中学生不登校児への統合・折衷的心理支援..................................加藤　敬　**19**
 Ⅰ　はじめに... 19
 Ⅱ　事例の概要.. 22
 Ⅲ　面接過程.. 23
 Ⅳ　まとめ.. 35
 コラム「基礎心理学と私」加藤　敬.. 40
 コメント――末武康弘... 42

事例2　気分変調性障害とパニック障害を伴った20代後半女性への統合・折衷的心理療法..............................福島哲夫　**45**
 Ⅰ　はじめに――筆者の考える統合・折衷的ケースフォーミュレーション...45
 Ⅱ　事例... 49
 Ⅲ　事例の経過..51
 Ⅳ　本事例における「基礎心理学の臨床的ふだん使い」.................61
 Ⅴ　まとめ.. 63

　　　　コラム「基礎心理学と私——心理学を侮っていた若き日」福島哲夫 ... 65
　　　　コメント——中釜洋子 67

事例3　**強迫症状から重度の抑うつ，抑制のきかない憤懣に症状が変遷した男性が「自分」を回復した過程**.........杉山　崇　**71**
　　Ⅰ　心理臨床に対する筆者の姿勢.. 71
　　Ⅱ　事例の概略.. 76
　　Ⅲ　事例初期.. 77
　　Ⅳ　事例中期.. 80
　　Ⅴ　事例後期.. 85
　　Ⅵ　事例終結期とまとめ.. 88
　　　　コラム「基礎心理学と私」杉山　崇 91
　　　　コメント——前田泰宏 93

事例4　**パニック障害の援助における基礎心理学の活用——外来森田療法を用いた事例から**.....................松浦隆信　**97**
　　Ⅰ　森田療法と不安障害.. 97
　　Ⅱ　森田療法の今日的課題——実証化 100
　　Ⅲ　基礎心理学と不安障害.. 100
　　Ⅳ　森田理論と基礎心理学概念の照合 102
　　Ⅴ　事例呈示.. 105
　　Ⅵ　おわりに.. 114
　　　　コラム「基礎心理学と私」松浦隆信... 117
　　　　コメント——北西憲二 119

事例5　**失調感情障害のクライアントと実施した認知行動療法**
　　　　.. 伊藤絵美　**123**
　　Ⅰ　事例の概要.. 123
　　Ⅱ　認知行動療法とは——理論と方法 125
　　Ⅲ　事例の提示.. 128

		Ⅳ 本事例における「基礎心理学の臨床的ふだん使い」	140

コラム「基礎心理学と私」伊藤絵美 ... 143

コメント―石垣琢麿 ... 145

事例6　大うつ病のクライアントへの認知行動療法を用いた援助
　　　　　　　　　　　　　　　　　　　　　　森本幸子　149

- Ⅰ　事例の概略 ... 149
- Ⅱ　認知行動療法の導入 ... 150
- Ⅲ　面接過程 ... 151
- Ⅳ　まとめ ... 165

コラム「基礎心理学と私――人間のココロに興味をひかれて……」森本幸子 ... 167

コメント――石垣琢麿 ... 169

巻末付録　基礎心理学用語集 ... 173

おわりに ... 坂本真士　245

- ●考えられる感想Ⅰ ... 245
- ●考えられる感想Ⅱ ... 246
- ●考えられる感想Ⅲ ... 247
- ●考えられる感想Ⅳ ... 248

著者略歴 ... 252

編者略歴 ... 253

事例 1

家庭内暴力，抑うつなどを呈した中学生不登校児への統合・折衷的心理支援

加藤 敬

■基礎心理学に関わるキーワード

認知行動療法，心理教育，扁桃体，前頭葉，神経－生理心理学，行動アセスメント，三項随伴性，自己没入，生涯発達心理学，依存－独立葛藤，ソーシャルサポート，行動心理学，社会心理学，自己注目と抑うつの3段階モデル

I はじめに

1. 不登校への心理支援と筆者の考え方について

　筆者は子どもの不登校や発達障害を中心に診療する外来中心の医療機関に勤務して24年目である。臨床心理士の立場で日々診療しており，子どもたちや親の支援・指導には**認知行動療法**を窓口にして，さまざまな理論・技法や基礎心理学の知見を利用し統合・折衷的に行っている。この項目では不登校支援を中心に論述したい。

　ジョンソン[1]が不登校の原因論を唱えてから50年以上が経とうとしている。現在まで不登校に対してさまざまな原因や対策が論じられているが一向に不登校が減少せず，むしろ増加しているのは，

この問題に個人内の病理だけではなく社会システムを含んだ大きな病理が関係しているからだろう。

これまでの不登校への対応は，登校刺激を与えずに子どもの内的成長を待つという子どもの発達を軽視したものが多かったが，近年引きこもりの実態が明らかになり，その多くが不登校経験者であることから，「待ち」姿勢の対応ではいけないことがわかってきた。90年代に不登校児に対して多くの適応指導教室（公的なフリースクール）が作られたのは，子どもたちが家に閉じこもるのではなく，小集団からでも対人関係の学習や経験を絶やさないことで，社会性発達を保障するためである。

また面接室にこもっていた臨床心理士はスクールカウンセラーとして学校現場に入り，これまでの1対1の面接姿勢とは違う考え方で子どもたちの支援を行うことになった。このように不登校の原因が一つに特定できず多元的であることから，その対応はさまざまな支援形態をとらなくてはならず，臨床心理士が一つの学派に立てこもって心理療法をしているわけにはいかなくなった。臨床心理士や他の支援者に求められるのは，統合・折衷的な考え方と柔軟な対応姿勢と考えている。

筆者は不登校を一つの原因に特定せず多要因疾患に似たものと考え，集団に参加できないことで，子どもの社会性発達に障害をもたらすある種の行動障害として捉えている。

2. 不登校支援のポイント

(1) 支援の目標

子どもたちの集団参加への不安を低減し,現状復帰または新たな環境・集団への復帰を援助すること。

(2) 不登校の背景にあるさまざまな問題への対応

学校や家庭など環境の問題に対してはその調整が必要である。個人内では精神医学的,発達的な問題がある場合,個々に応じて対策を講じていく。

(3) 不登校現象の各期に応じて対応を図ること

筆者は経験上不登校現象を,①不登校の初期,②不登校急性期,③仮初めの安定期,④復帰準備期,⑤復帰期と5つの段階に分けている[2]。子どもたちに登校刺激を与えるのは①,③,④の時期と考えるが,②の時期では控えたほうが良いだろう。ただ②の時期でも,子どもたちと学校との関係を完全に遮断するのではなく,子どもには直接無理でも学校と親との連絡はつけておくほうが良い。ただし学校が協力的であることも重要である。③の時期は子どもたちが学校へ登校するという現実から逃避して仮初めの心理的安定を得る時期である。ただ子どもたちは完全に学校を忘れているのではなく,心の片隅で学校のことを気にかけているのである。支援に関わる専門家はそうした子どもたちの気持ちを察しながら,徐々に登校や集団復帰に向けた対策を提案していくことが重要である。④,⑤

の時期では具体的に登校への支援が始まるので，各時期での丁寧な下準備が必要となる。

もちろん不登校には軽いレベルから重いレベルまでがあり，レベルに合わせて支援対応を変えていく必要がある。そして多くの解決課題が存在するため，一人の臨床心理士が担うのではなく，医師や教師，スクールカウンセラー，その他の支援協力者とともにどこを分担していくのかを検討しながらチームで対応することが望ましい。ここでは一つの事例を示し，その実際を報告したい。

Ⅱ 事例の概要

事例

初診時中学2年生，14歳，男子，A君

主訴

不登校，家庭内暴力，対人緊張，抑うつ的状態

家族

父親・母親（40歳代），2つ上の兄，父方祖母（70歳代）の5人家族

現病歴——来院に至るまで

A君は私立中学に通っており，中学1年生2学期後半から徐々に登校を渋り出した。父親，母親ともに厳しく叱って学校に送り出していたが，冬休みに入る前から母親に対して暴力が出現した。3学期に入り完全不登校。中学2年生になり引きこもった状態で食欲が低下し，睡眠リズムも狂い昼夜逆転も起きた。イライラが治まらず

暴力が増えたため，対応に疲れた両親が近所の医院からの紹介で筆者の勤務する医療機関に訪れた。初めは母親が単独で来院し，次の回には嫌がってはいたものの，A君も母親とともに来院した。

事例の概要

心理療法はA君の個人面接を筆者（臨床心理士）が担当した。A君の医療対応と親指導は主治医が主となり，状況に応じて筆者が親面接を担当した。

個人面接は受容共感的カウンセリングを基本に，心理教育や訓練などを加味した認知行動療法的なカウンセリングを行った。親子関係の安定と情緒的な落ち着きが得られたところから，不登校に対する集団療法を加えることで学校復帰に至った。

次に面接過程を示し，各時期での対応を基礎心理学との照合を含めて解説していきたい。

Ⅲ　面接過程

1．親へのガイダンスと安心感の形成

初めに単独で来院した母親は，息子の不登校に対して厳しく接しすぎたことが，イライラを亢進させたと反省していた。しかし「このまま学校に行けず息子はどうなっていくのか，引きこもって犯罪者にならないか」という不安を筆者に語った。筆者は上述した不登校の段階を説明し，現在の段階を3段階目「仮初めの安定期」として考え，徐々に復帰への道をつけていく必要と大まかな見通しを説

明した。子どもの不登校を目の前にして不安にくれる親に対しては，こうした見通しを伝える**心理教育**も重要と考える。

　一方，家庭内暴力に関しては，その程度が重症な場合（親が大怪我をするほどの暴力）は，親との隔離や警察の介入なども必要であることを伝えた。そうひどくない場合でもイライラする子どもの心理的背景にさまざまな要因があり，医療対応が必要な水準に達すると抑うつ的な症状での感情障害で怒りが爆発することもあると説明した。こうしたことを踏まえて，A君を説得して連れてきてほしいと母親に話した。

2．A君の成育歴

　幼児期のA君は元気で活発なほうだった。しかし多動というほどのものではなく，集団での適応にも問題はなかった。小学校ではサッカークラブを4年生まで続けたが，兄が私立の中学受験をした関係で自分も行きたいと思い，サッカーを止めて進学塾に通った。6年生になると塾の帰りが遅くなり，長く睡眠をとらないと疲れるA君にとっては塾と学校の両立が大変で，学校には遅刻することが多かった。ただ兄ほど勉強の成績は振るわず，体調も優れないまま受験したため，第1志望の中学校には入ることができず，現在の中学校に入学した。入学したA君はすぐに友達ができたが，2，3人のクラスメイトとの関係がうまくいかず嫌がらせを受けていたという。宿題も多く学生生活に疲れる下地ができていたものと考えられたが，今回の情緒不安定にはさらに他の問題もあるのではないかと考えられた。

3．来院に抵抗がある A 君との信頼関係の形成

　母親と父親に随分と説得されたのであろうが，それでも A 君は来院するのを渋っていたという。初めに両親だけに会って，A 君の状態を聞いておいた。それから両親と交代するかたちで A 君一人を面接室に招き挨拶した。

セラピスト（以下 Th）：こんにちは。はじめまして，セラピストの加藤です。

クライアント（以下 Cl）：（「……」と緊張した表情で無言）

Th：A のことは初めにお母さんが来てくれて，いろいろと事情を聞きました。お話の様子から君もここに来にくいのじゃないかと思ったけど，よく来てくれたね。

Cl：（「うん」と少し表情が緩む）

Th：ここはね，決して A のことを叱るところじゃないから安心してね。お母さんもお父さんも A 君にちゃんと接して A 君が良くなるよう願っているから，先に相談に来たんだよ。ここでは A 君のつらい気持ちやしんどさを治していけるよう，みんなで考えていこう。

Cl：うん。わかりました。

　このように不登校や家庭内暴力をしている子どもにとっては，医療機関の先生に怒られるのではないか，自分のそんな姿を知られているのは格好悪いと，不安や恥ずかしさが渦巻いているので抵抗的

である。しかしそういう気持ちに配慮したうえで丁寧に説明していくと，子どももこのままではいけないと思う健康性があるので，抵抗が徐々に解除されていく。

ここから不登校の発生時期，イライラして感情爆発してしまうこと，憂うつが強く食欲が落ちていること，不眠があること，対人緊張があって外出が怖いことなどが話された。親は不登校も心配であるが，イライラによる暴力的行為に一番困っていたので，そこに焦点をあてて話をした。

4. イライラによる暴力の心理教育と神経-生理心理学 [3]

Th: イライラが起こって暴力につながるのはね，理由があるんだよ。

Cl: ……!?

Th: （ホワイトボードに簡単な脳の断面図を描く）脳の奥には**扁桃体**という神経細胞があって，ここは危険を判断するところなんだ。危険だとわかると信号を発して警戒態勢を取るように指令するのだけど，**前頭葉**がさらに正しい判断かチェックしてパニックを起こさないようにしている。だけど精神的疲労が強くなると前頭葉の働きが弱くなって，扁桃体の興奮を抑えられなくなって暴れてしまうんだよ。

Cl: 知らなかった。

Th: 君の場合も不登校には事情があるし，不眠や憂うつもあるから精神的疲労は大きいよね。前頭葉が相当に疲れているのだと思うよ。

Cl：なぜこれぐらいのことで暴れるのかと自分でも不思議だし，嫌になっていました。でもどうしたらいいんですか？

A君にとって暴力は怒られるもの，自分の我慢が足りていない問題という認識があった。たしかに暴力は良くないことだが，ここでは**神経－生理心理学**的な心理教育を通じ，問題を外在化し，余裕をもって対策を立てさせるようにした。

5．行動心理学と精神医学的知識を適用した助言

Th：どんな場面でイライラしやすいの？
Cl：親に学校のことをしつこく言われたり，おばあちゃんに同じことを何度も言われるときです。
Th：いつも暴れてしまうの？
Cl：暴れないときもあるけど，たいていは暴れてしまう。
Th：その後はどうなってるの？
Cl：気がつくと周りのものが壊れているし，お母さん，おばあちゃんは逃げている。
Th：さっきも話したとおり，いろんな事情で君の前頭葉は疲れているよね。まず脳の疲れを癒す必要があるから，これは主治医に薬を考えてもらおう。君が爆発防止をするポイントは最初のイライラのところだろうね。ここでその場を離れて外に出て腹式呼吸をしよう。ご両親にはこういう方針で予防をはじめるからと説明するけどいいかな？
Cl：よろしくお願いします（と笑顔を見せた）。

行動アセスメントである**三項随伴性**に基づく分析を行い，反応のほうに行動変容技術を使い，同時に薬物療法の意味もあわせて伝えている。環境刺激である親の言動は親に直接対応法を伝えることにした。

6. 抑うつ状態や対人緊張に対する心理教育と助言・指導

しばらく数回のセッションはイライラ爆発のコントロールや，母親とのコミュニケーションについて話し合いが行われた。その間に何度も同じことを繰り返してAに確認する祖母の行動に認知症の初期症状が疑われたため，祖母の医療機関受診が検討された。

一方イライラの背景には，つねに自分について悲観的なことを考えてしまうこと，不眠による生活リズムの乱れも関連しているので，この問題に対する対策も並行して話し合われた。医学的には医師がイライラや抑うつに対して抗うつ薬を処方し，セラピストからは抑うつや対人緊張に対して心理学的な対処を提案した。

Th：イライラの他にも悩みがあるようだけど，どんなことが多いの？

Cl：やっぱりマイナスなことばかり頭に浮かんでしばらく動けないこと。そして人が怖いから外出できないし……。それと生活がバラバラで……。

Th：うつ的なときはいろんな問題が起きるけど，どれから対処していくか順番を考えてみよう（とA君とともに検討し，①睡眠リズムを整える，②マイナスな思考をどうするか，③外

出や対人恐怖をどうするか，という順番にした）。

　このように問題が散在しているときは，共に解決の順番を検討することが子どもたちの不安を低減させることもある。そこで以下のような解決法について話し合った。

(1) 睡眠リズムの調整

　主治医から睡眠導入剤を処方してもらい，寝る時間を決め徐々に朝起きる時間を早めていく。睡眠時間表を渡し，それにチェックして診察時に主治医と検討した。

(2) 抑うつへの対処

　マイナス思考になるきっかけについて，社会心理学の**自己没入の理論**[4]を説明した。これにより自分のことに没入しかけたら気をそらす工夫を考えた。A君はイヤホンで好きな音楽を聴くことにした。
　大まかな時間帯で区切った生活表に今日少しでもやれそうなことを一つ書いて，不完全でもいいから実行してみることで意欲を高めていくことにした。

(3) 対人恐怖・外出不安

　A君には抑うつ状態から派生しやすい不安[5]があると説明し，少しでも外出することで慣らすことの大事さを伝える。そこで徐々にでいいから家の周りを散歩することから始めた。
　面接は2週間に1回の割合で行い，1セッションは最初に今まで

話し合ったことや検討したことのおさらいと実行状況を聞き，次にどうするかを決め，残りの時間は雑談したり，ウノなどのカードゲームをするなど大まかに構造化した。こうすることでA君なりに面接はこういうことをするために来ているという目的意識や自覚を持たせようとした。

7. 母親への助言——発達心理学の知識

来院初めの頃の母親はA君への対応が厳しすぎたことへの反省が多かったが，どちらかというと優しいA君がこんなに暴力的になったことにショックを感じていた。たしかに器物破壊はあったが，親への直接的攻撃も肩を押すぐらいで，まだ軽いほうと言える。しかし，一般の親は，多少の反抗期はあったとしても年齢が上がるにつれて分別が付き，協調性，社会性が育つという常識的な発達観を持っているため，子どもの攻撃に困惑することが少なくない。

一方で，**生涯発達心理学**の観点[6]からは，行動を統制する機能そのものが未発達な乳幼児期をのぞけば，年齢を重ねるほどに環境を選ぶ力，および環境と相互作用する力が増し，気質的な個性を展開しやすくなる[7]。よって，結果的に周囲とは葛藤を生むような感情を行動化できるようになってくる。A君の攻撃的行動の背景には小学6年生からの塾通いによる睡眠への負担，中学校の勉強の厳しさ，一部のクラスメイトからの嫌がらせ，新しいクラスになっても同じクラスメイトがいたこと，祖母の異常な行動など，ストレス要因が積み重なっていた可能性があり，これまでは抑圧するしかなかった不満や敵意を表現できるようになったと解釈できる。そこで，

母親の常識的発達観を支持しつつ，生涯発達心理学の示唆する発達過程とストレス要因が多かった事実を理解してもらい，必ずしも厳しすぎたことから発症したのではないことを理解してもらった。

　A君のイライラ爆発に対して，A君が行うべき対処法を母親に説明し，母親の言動（引き金刺激）はしつこく勉強や学校のことは言わないこと，祖母に関しては医療機関を受診させること，それでもA君が爆発したならば，A君の興奮がさめるまで離れておき，落ち着いた頃に「大丈夫？」と声をかけてみることなどを助言した。

　子どもがこうした情緒不安定に陥ったとき，たいていの親は子どもの**依存－独立葛藤**[8]に基づいた親に対する態度の一貫性のなさ（一種の自我同一性のなさ）を不思議がる。無理もないことではあるが，A君の場合，あれだけ親に大声で罵声をあびせ離れようとしているのに，態度が急に変わって，母親の肩をもみに来たり，膝枕を求めに来るのである。「私は嫌われているのか，好かれているのかわからなくて，どう受け止めて良いのか迷うのです」と，母親は理解に苦しんでいた。こうした場合，発達心理学および精神分析的な発達知見の実証研究に基づいて説明すると，納得を得られることが多い。

　「子どもは小さい頃は両親の言いつけや命令を守って，ルールをたたきこまれますよね。それが幼稚園や小学校でも先生の命令を聞くという形になるわけです。でも年齢が上がって小学校高学年から思春期ぐらいになると，親や先生が決めたルールよりも友達同士のルールのほうがだんだん大事になります。でも親に対し

事例1　家庭内暴力，抑うつなどを呈した中学生不登校児への統合・折衷的心理支援

てはまだまだ保護してもらわないと生きていけませんよね。そして優しい親にまだまだ甘えたい欲求もたくさん残っています。ですからこの時期は甘えたいけど生意気なことも言ったり，接触が難しくなるのです。ただこれはいつか独立して生活するための練習であって，親や周りから与えられたルールはその人なりのルールに作り変えられて自分のものになります。

　A君は情緒不安定なので激しく親を拒否しますが，そうすると親から見離されてしまうのではという不安が強くなって極端にべったりするわけです。普通の反抗期的表現が病気で極端なかたちになったというわけです。ですから彼の情緒が安定すると少し扱いやすくなりますので様子をみてください」

　上のような解説をすると，母親は安心したようであった。もちろん対応に困ったときはその都度面接で検討した。

8．集団療法への誘い――ソーシャルサポート

　イライラ爆発への対処はうまくいき，A君も表情に穏やかさが表れた。外出は少し買い物に母親と一緒に出かけるようになった。ただ睡眠リズム調整は難航し，一進一退を繰り返した。また退屈さも出てきたため，ここで夏休みに入る頃なので不登校児のための集団療法を勧めた。集団療法は小集団での対人関係の体験，生活リズムの調整，遅れている勉強の取り戻しなど，集団体験の復帰スペースで行われる。公的機関では適応指導教室があるが，私立中学校の生徒の場合受け入れられないこともあり，A君もそうであった。この

体験を足がかりにして2学期からの復帰をセラピストは目論み，A君にもその旨を伝えた。経験的に学期の変わり目に復帰のきっかけをつかみやすいためそう考えたのだが，これは個人によって変動する。

学校担任にもこの旨を伝えたところ，夏休みにできる課題をA君に合わせてプリントにして用意してくれた。

A君は集団療法を見学した後，不安ながらも週3回の通所で始めることにした。集団療法には午前中は勉強で午後から集団活動（調理や芸術，茶道などを体験する）という大まかなカリキュラムがある。徐々にA君は集団に馴染み出した。ここでセラピストはA君に対して「集団療法は少ない人数だから馴染みやすいかもしれない。でも人間関係のクセが出やすいから，それが友達関係をうまくいかせないこともあるかもしれないよ。ここではそうした人間関係のクセを担当の先生が見ていて，その場で教えてくれることもあったり，担当の先生から僕に教えてくれたりする。何か監視されているようで嫌かもしれないけど，これからの人間関係のことを考えると大切なことだと思う。君はそれでいいかな？」と聞くと，「いいです」と了承した。このようにこちらの意図を正直に伝えることは重要である。

9. 対人関係のクセ

程なくして集団療法担当の先生から連絡があった。A君の言動がきついときがあり，セラピストから対応したほうがいいのではというものであった。それは他の参加者に対して「そんなことも知らないの」「それおもしろくない」と思ったことをストレートに伝えす

ぎることであった。そこでセラピストはA君との面接の中で次のように聞いてみた。

Th：担当の先生から君の言動がきついと聞いたけど，責めるのが目的じゃないから冷静に聞いてね。他の子が何か言ったらすぐに「そんなことも知らないの」とか突っ込むみたいだけど，これは大人しい子にとってはきついよね。
Cl：少し気にしてたけど……。

そこで状況を聞いてみて，A君にきつい突っ込みを受ける相手役になってもらい，セラピストはA君役になってきつい突っ込みを入れるロールプレイを行った。

Th：どうだった？
Cl：やっぱりきつかった。
Th：どうしたらいいだろうね。
Cl：うーん，わからない。
Th：じゃ，そこで「へーそうか」「なんでそうなるの」とか，相槌とか質問を入れようか。
Cl：そうか……。
Cl：（ここで何回かロールプレイを練習したA君の感想は）やっぱりそういう返答だったら感じがいい。
Th：じゃあこれを心がけようよ。

全てとは言えないが，A君のきつい突っ込みが一部のクラスメイトに反感を買われていた可能性もあるのかもしれない。ここからA君は相手との会話を意識するようになった。

10．A君のその後

　集団療法で友達もでき，元気になったA君だが，登校復帰になると大きな不安があった。結局2学期からの復帰は難しかったが，2学期後半に担任による働きかけが功を奏し，別室登校を実行することができた。別室登校と集団療法を行い，徐々に別室登校にシフトするようにした。

　別室の先生はA君の様子を見ながら，少しクラスメイトの何人かと関われるよう配慮したりして，行事には見学に行けるまでになった。セラピストとの面接は2週に1回であったが，その都度不安を聞いて対応を考えたり，別室担当の先生と連絡を取り合った。3学期を経て終業式には参加でき，中学3年生からは教室登校が可能になり，しばらくフォローして終了となった。

Ⅳ　まとめ

1．思春期の心理支援

　この事例は中学2年生男子という年齢であり，成人の一般カウンセリングのような形ではなく，さまざまな側面からの支援が必要なこと，言語的自己理解も必要だが，体験的学習が心理支援のプロセ

スにおいて重要であることがわかっていただけたと思う。これはこの年齢の子どもたちが未だ自己観察能力が拙く，自己を語る言葉が成長していないからである。もちろん個人差はあるが，自分のことをよく語る思春期の子どもたちもいる。しかしやはり体験と遊離した頭だけの言葉になりがちである。セラピストはそうした発達的特徴を考慮しながら子どもたちにわかりやすいアプローチを工夫して，次の発達ステージにつなげていく努力がいる。そしてこの時期の心理支援は，子どもたちの心理的問題を「これを乗り越えて一段と成長する人間的課題」として提示し，それの乗り越えの援助をしていくものと考えている。

2．基礎心理学的知見の利用

この事例から基礎心理学的知見をどのように利用したかまとめると，以下のようになる。

（1）神経－生理心理学

A君は家庭内暴力をしている存在として，治療機関に連れてこられたので，当然「怒られる」不安と「放っておいてほしい」という拒否感を持っていたと考える。セラピストはA君がそういう思いでも来院したことを労う肯定的姿勢を持ち，同時に過剰な罪悪感軽減を目指した外在化技法としての心理教育に，上述した「前頭葉－扁桃体」モデルを利用した。このモデルの良さは罪悪感軽減だけでなく，イライラを自分でコントロールする，次の行動心理学的アプローチにもつながり，自己の責任として受け止めさせる教育的契機

を提供することにある。

(2) 行動心理学 [8]

上述した流れから、三項随伴性を用いてイライラ爆発の対応法を検討した。

他には「ロールプレイ」技法、外出訓練、後述の「気をそらす」反応妨害法など、小技として行動療法を適時挿入している。

(3) 社会心理学

不登校は先述したように多要因疾患に似たものと考えている。したがって、今回のA君の不登校や家庭内暴力は一つの原因からだけでは考えられないが、A君の精神状態を表すものとしては「抑うつ状態」が考えられる。対人恐怖様不安もその併発症状と考えるとわかりやすい。そのため、**自己注目と抑うつの3段階モデル**での自己没入概念の説明はA君にとって非常にわかりやすいものであった。つまり「気をそらす」ことに従事すればよいのである。子どもにとってわかりやすい理由と対処法の説明は重要である。

(4) 発達心理学

これは母親面接や指導の下地にある理論である。主に生涯発達心理学の遺伝-環境論争に基づいた発達過程への示唆、および、精神分析的知見を実証的に検討した依存-独立葛藤の研究 [8] を中心に、母親の子ども理解を深めるために利用した。同時に発達心理学は子どもたちに対してどのような支援アプローチがよいのかを決める、

判断基準の一つとして機能しているだろう。

(5) ソーシャルサポート理論

不登校状態に対して集団療法を勧めるうえでの基礎知識として活用している。ソーシャルサポート理論では，人との関わりにおける「情緒的サポート」と「道具的サポート」が中核的な機能を持つと言われる[10]。不登校の集団療法にもその機能が大きく働いており，情緒的サポートでは不登校という同じ立場にいる子どもたちの共感的関係や協力関係などが不登校児の孤立感を癒し，信頼関係に支えられた中で対人関係が再教育されていく効果がある。

道具的サポートでは遅れている勉強の補充や，調理，芸術，スポーツなどの対人交流の機会を提供できる。こうした機能があることをセラピストが熟知したうえで，集団療法を不登校支援の文脈の中で活用することが大事だろう。

以上から心理療法・支援は「いま・ここ」での治療関係を重視し，深い共感的対応による情緒的な展開を構築するアートな側面と，治療・支援が情緒的安定に留まらず，現実適応，発達促進に役立つようさまざまな基礎心理学的知識を駆使して構築されるサイエンスな側面とが複合されたものとして機能していることを理解していただきたい。

文　献

- 【1】 Johnson, A.M.（1957）School phobia. workshop 1955, 3 discussion. Am. J. Orthopsychiat 11 ; 702.
- 【2】 加藤敬（2010）医療での臨床心理士が経験した不登校支援について．In：安達英行（編）関西地区カウンセリング研究会50周年記念誌．
- 【3】 大平英樹（2010）神経－生理心理学とは何か．In：坂本真士・杉山崇・伊藤絵美（編）臨床に活かす基礎心理学．東京大学出版会．
- 【4】 坂本真士（1997）自己注目と抑うつの社会心理学．東京大学出版会．
- 【5】 鍋田恭孝（2007）対人恐怖症の今日的問題．In：鍋田恭孝（編）思春期臨床の考え方・すすめ方．金剛出版．
- 【6】 遠藤利彦（2010）発達心理学とは何か．In：坂本真士・杉山崇・伊藤絵美（編）臨床に活かす基礎心理学．東京大学出版会．
- 【7】 杉山崇（2010）アセスメントの「縦軸」としての生涯発達．In：坂本真士・杉山崇・伊藤絵美（編）臨床に活かす基礎心理学．東京大学出版会．
- 【8】 井上忠典（1995）大学生における親との依存――独立の葛藤と自我同一性の関連について．筑波大学心理学研究 17 ; 163-173.
- 【9】 山本淳一（2010）行動心理学とは何か．In：坂本真士・杉山崇・伊藤絵美（編）臨床に活かす基礎心理学．東京大学出版会．
- 【10】 福岡欣治（2010）ソーシャルサポート．In：坂本真士・杉山崇・伊藤絵美（編）臨床に活かす基礎心理学．東京大学出版会．

コラム
基礎心理学と私

加藤　敬

● アートに偏っていた従来の心理臨床学

　先日，某有名な精神医学者であり臨床心理学者である先生の講演を聴くことがありました。心理臨床学はエビデンスという狭い認識に基づいたものではなく，アート的な認識でなくてはならないという趣旨のお話だったと思います。私たち世代が教えられてきた心理臨床観はこのようなものでしたが，私が実際の現場で仕事をしている経験からすると，クライアントは必ずしも臨床家のアートな側面のみを必要としているわけではありません。やはり現実適応や症状の消失，軽減を求める技術や知識を求めて来られます。クライアントが臨床心理士に何を求めているのかをしっかりと認識することは相談の基本ですが，そこで提供できる技術や情報が，エビデンスのある基礎心理学に裏打ちされているものであるほど，クライアントの福祉に貢献します。ただそのエビデンスのある知見をどう治療に活かしていくのかは，治療者のアートな側面に頼ることが大きいと思います。

● 基礎心理学による心理療法研究への期待——アートとサイエンスのバランスをとること

　次にこのアートな側面も初心者に伝授できるようなものに改良されていく必要があります。最近パソコンの画面をクライアントと治療者が見ながら認知行動療法（CBT）を進めていくという報告を聞きました。パソコンソフトはCBTを系統的に行えるようにプログラムさ

れており，これなら初心者の治療者も取りこぼしなくCBTを進めることができるというものでした。これは一つの面接技術の開発であり，アートに埋没しない新しい試みといえるでしょう。

エビデンスを大切にする姿勢を根本にしてきたのが，従来からある基礎心理学です。また私たちの行う心理療法，心理学的サービスの基本にある相談行為を科学的に研究できるのが，基礎心理学の力でしょう。私たちはクライアントにどういう心理学的サービスができるのか説明しなくてはなりません。私たちが自分の行おうとする援助行為をきちんと説明でき，それがエビデンスに基づくものであることをクライアントに示すことで，はじめてクライアントは安心してサービスを利用することができると考えます。

私が大学院の学生だった頃，社会心理学の先生が，心理学の研究は人の役に立つものでないといけないと何度も言われていました。臨床心理学専攻の私には，臨床的な視点と基礎的な視点両方を活かしてほしいと論文の諮問の際に言われたことを憶えています。そこから30年近くたって，ようやくその意味と重要さが理解できてきたのではないかと思う今日この頃です。

コメント

末武康弘

　歴史的に見ても，また現場で実践されている割合からしても，臨床心理学的な治療や支援の主要なものは，①精神分析的・精神力動的な方法，②クライアント中心・ヒューマニスティックな方法，③認知行動的な方法，であることに臨床家の多くは異論ないだろう（そして④として，家族療法やブリーフセラピーなどのコンテンポラリーな方法をあげることができよう）[1]。①がかつてのような独占的な立場から次第に相対化されつつある背景には，心理的な治療や支援を求める人たちが抱える苦悩や生きづらさの原因が，親子関係に起因するいわゆる対象関係や対象表象の問題に限定されるものではない，という事実認識がある（もちろん，そうした問題に苦しむ人々への精神力動的な援助は今後とも必要であることは疑いえないが）。また，私が拠りどころとしている②の立場においても，最近，多元的（pluralistic）アプローチが注目されるようになっている[2]。そこでは，個々のクライアントはそれぞれの特徴やニーズをもっており，また同じクライアントも時が違えば異なるニーズをもつので，多元的に理解や援助を組み立てていく必要がある，とされる。

　こうした最近の動向から見ると，加藤氏による事例は，③による不登校事例への，とても興味深く，学ぶ点の多いアプローチである。まず加藤氏は，不登校の原因を複合的なものであるととらえ，多元的な視野から不登校問題をとらえようとする。また自らの臨床経験

から不登校現象を5つの時期に分けて,各期の特徴に応じた対応の必要性を提案している。こうした観点は,不登校の問題を広い視野からとらえ,柔軟に対応していくことを可能にするものであると言える。さらにこの事例においては,親ガイダンス,ラポール形成,心理教育,助言・指導,集団療法などの多様な方法が,不登校児A君のニーズに応じて見事に組み立てられ適用されている。しかもそれぞれの方法のベースには神経-生理心理学,行動心理学,社会心理学,発達心理学,ソーシャルサポート理論などの知見がきちんとあって,それらの方法の根拠や妥当性がしっかりと担保されたうえで適用されている。興味深く思ったのは,母親への助言の中で用いられた発達心理学的見方に精神分析的な知見も含まれていた点である。真の統合・折衷的立場では,認知行動的アプローチの中に精神分析的知見も活かされうることの好例である。同時に,加藤氏のA君や母親との関係形成にはとても温かいヒューマニスティックな要素がこめられていることにも注目すべきであろう。

　加藤氏の言う「アートな側面」と「サイエンスな側面」の複合的機能として治療や援助をとらえるバランス感覚は,理論や立場の違いを超えて心理臨床実践に求められる重要なセンスであると思う。

文　献

[1] Cooper, M.（2008）Essential Research Findings in Counselling and Psychotherapy. London : Sage.（清水幹夫・末武康弘（監訳）（近刊予定）カウンセリングとサイコセラピーの最新研究エビデンス（仮題）. 岩崎学術出版社.）

[2] Cooper, M. and MacLeod, J.（2010）Pluralistic Counselling and Psychotherapy. London : Sage.

事例 2

気分変調性障害とパニック障害を伴った20代後半女性への統合・折衷的心理療法

福島哲夫

■基礎心理学に関わるキーワード
海馬,扁桃体,前頭前野,破局的認知,内向性ー外向性,パーソナリティ心理学,コーピング,モデリング学習,ソーシャルスキル

I はじめに——筆者の考える統合・折衷的ケースフォーミュレーション

1. ユング心理学から出発し,基礎心理学を含む統合へ

 筆者はユング心理学にひかれて心理臨床の道に入った。そしてユング心理学を中心に,精神分析や来談者中心療法も学ぶという,1980年代の日本において比較的一般的な学習とトレーニングを積んできた。しかしながら現場に出たその日から,さまざまなクライアントに接するなかで,彼らの心理や苦悩をできるだけそのままの形で理解しようとすればするほど,ユング心理学や精神分析,来談者中心療法の概念だけでは到底足りないと痛感した。それはユング心理学が得意とする「夢」に関してすらそうだった。そう感じた理由のひとつには,もちろん当時の筆者の未熟さもあったが,「それぞれの療法や理論にぴったり合う典型例はたしかにあるが,特定の

心理療法をオールマイティとするのは無理がある」という当時から現在まで続く率直な見解でもあった。

　そんなことを思いながら、さらにユング心理学の研鑽も重ねていくうちに、あるユング自身の記述に出会った[1]。この論文のなかでユングは、心理療法の基本として、当時すでに有名だったフロイトやアドラーをはじめ、暗示療法や自律訓練法などいくつかの学派の治療法を例に挙げ、それぞれの方法や理論に一定の正当性が認められ、それぞれが一定の成功を収めているとしている。さらにユングは、患者の症状以外のさまざまな在り方によって採用する方法を変えるべきだとし、たとえば教養のある神経症の患者ならフロイトやアドラーの本を少し読むことを薦め、どちらが自分に合っているかを見極めさせ、その観点で治療するとしている。そしてそのような治療が停滞したり、あるいは神話的な内容が現れた場合には、それまでの分析的還元的解釈（注：精神分析的あるいはアドラーの個人心理学的な解釈）をやめて、弁証法的な手続きによって総合的解釈学的解釈（注：ユング派的解釈）を始めるとしている。

　このユングの言葉に意を強くして、筆者は「クライアント一人ひとりに対して最適な治療技法と治療的態度は微妙に異なるので、より有効な治療を目指すためには、異なった心理療法を統合・折衷し、クライアント一人ひとりに対してカスタマイズしなくてはならない」という考えに至った。そして、そう思うとともに基礎心理学の重要さにも目覚めていった。つまりクライアントの記憶や認知と感情の問題、生得的な気質と環境からの影響との相互作用によると思われるパーソナリティの問題、脳科学の知見などは、心理療法の

学派を超えた共通基盤として，また，どのようなクライアントにどのような治療法が最適なのかを考えるうえでの指標を提供するものとして，とても重要であるという思いを強くしていったのである。

2. 統合・折衷的ケースフォーミュレーション

このような経緯を経て，近年の筆者はクライアントのニーズや病理に合わせて，いくつかの異なったタイプの心理療法のなかから最適なものを実施するのが，最も効果的で無理のないやり方であると考えている。また，時には事例の初期・中期・後期で，クライアントの変化に応じて，対応の仕方を変えていくべきであると考えている [2] [3]。そして，その際にはクライアントの「変化への動機づけ」と「内省力」に応じて技法を選択すると，心理療法に無理なく導入できて，さらに中断や失敗が少ないことをすでに実践のなかで実感している。筆者はこのモデルを仮に「3次元統合モデル」と呼んでいる。このモデルの基本的な考え方は，上述のようにクライアントの「変化への動機づけ」と「内省力」に合わせて治療技法とセラピストの態度を選択・微調整し，さらに必要とあらばクライアントのニーズや志向に合わせて，スピリチュアリティへの取り組みも提案するというものである（図1参照）。

ここでいうスピリチュアリティとは，超越的なものから日常的なものまでをも含むものであり，「草花や四季の移ろいをめでる」「自分を大切にする」「日々の生活に責任を持つ」などの一見通俗的なものから実存的なもの，さらには「人生の意味」や「人智を超えた大いなる力」などの超越的な視点までをも含み，クライアントの志

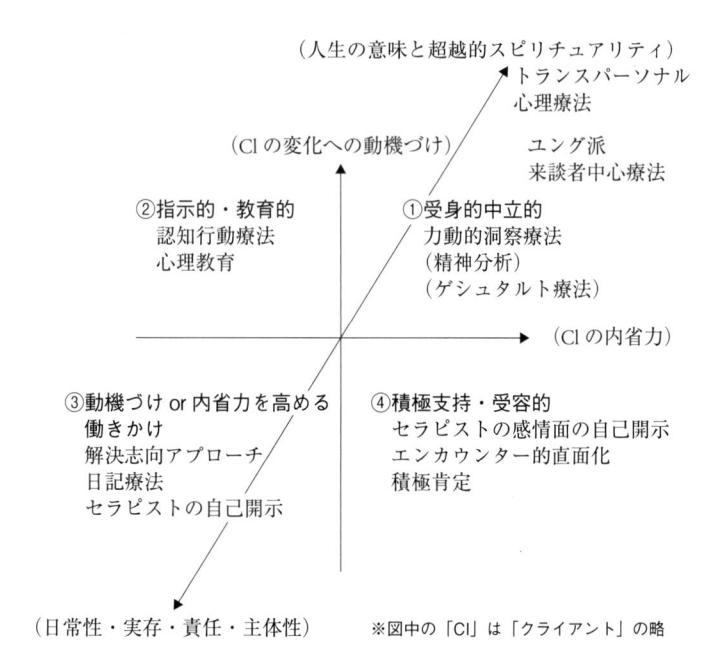

```
                    (人生の意味と超越的スピリチュアリティ)
                                    ↗ トランスパーソナル
                                      心理療法
             (Clの変化への動機づけ)        ユング派
                      ↑              来談者中心療法
        ②指示的・教育的      ①受身的中立的
         認知行動療法         力動的洞察療法
         心理教育           (精神分析)
                         (ゲシュタルト療法)
    ─────────────────────────┼─────────────────── (Clの内省力)
         ③動機づけor内省力を高める  ④積極支持・受容的
           働きかけ           セラピストの感情面の自己開示
          解決志向アプローチ/    エンカウンター的直面化
          日記療法           積極肯定
          セラピストの自己開示
        ↙
    (日常性・実存・責任・主体性)      ※図中の「Cl」は「クライアント」の略
```

図1 3次元統合モデル

向に合わせてそれらへの取り組みを提案するというものである。

　図1に示すように，縦軸がクライアントの変化への動機づけの強さを示し，横軸がクライアントの内省力を示す。そしてこの2次元平面上の①～④のようにセラピストの態度を微調整し，技法もそれぞれの象限に書かれたものを中心とする。ここにさらに斜めの矢印で表現したような，第3次元のスピリチュアリティについて，必要な場合に限って，クライアントの志向性に従って取り組みを提案するというものである。このスピリチュアリティに関しては遠藤[4]

の「第三者に把捉される発達ではなく、まさに自らの人生の生き手である個人が主観的に経験する発達」という観点や、木島[5]が紹介しているクロニンジャーの性格の3次元において、基礎心理学の発展形として位置づけられているものにも通じるところである。

　また、上述したように、これらの3つの次元における各個人の位置は固定されたものではなく、事例の進展とともに変化していくことも十分にありうる。たとえば治療初期は②の認知行動療法で「指示的・教育的」なセラピストの態度とともに治療を進めていく。そして、そのうちに、クライアントの内省力がついてきたら①に移行して、受身的中立的なセラピストの態度で洞察志向的な対応にしていく場合も多い。その反対にクライアントの要望で①の態度で夢分析をやっていくうちに、現実面に焦点を当てた②の認知行動療法的な関わりが必要になってくる場合もある。

II　事例

クライアント

　20代後半の女性、Bさん

医師による診断

　気分変調性障害、パニック障害、摂食障害傾向

来談経緯

　心療内科医からの紹介で筆者の所属する民間カウンセリングセンターに来談。「男性が多い職場のなかで、会議やミーティングで全く発言できなくなったり、時には泣き出してしまったりする。また

ストレスで物が食べられなくなったり，通勤電車のなかでパニック発作を起こす」とのこと。

現病歴と生育歴

　高校時代より慢性的な抑うつ気分に悩まされていた。さらに短大を卒業し就職してしばらくした頃から，男性の多い職場のなかで周囲についていけずに，そのストレスでパニック発作様の症状や拒食傾向が加わる。会社の近くの心療内科に通い投薬治療を受けるが，改善が見られずに心理療法を希望したため紹介される。

　生育歴や家族関係を聴いたところ，母親はクライアントが幼少の頃からヒステリックで不安定な人で，クライアントに対して言葉の暴力をふるい続け，ほぼ心理的虐待の状態だったことがわかる。父親は影の薄い人で，活動的で優しかったが全く守ってはくれない人だったとのこと。

アセスメントとケースフォーミュレーション

　長期間にわたって心理的虐待を受けてきた複雑性トラウマ[6]に苦しむクライアントであると思われる。語り口や態度から，真摯に「良くなりたい」「何とかしたい」という気持ちを感じるが，自分の問題の由来や自分のパーソナリティへの理解はあまりあるとは思われない。変化への動機づけは高いが内省力はあまり高くないクライアントと考えて，事例の初期は心理教育を中心とした認知療法を行い，その後必要とあらば，内省を深めて生育歴をていねいに探索する精神分析的セラピーや分析心理学（ユング心理学）的セラピーを実施するのがふさわしいと思われた。

III 事例の経過

1. アセスメント面接やそれに続く初期の面接で語られたこと

　高校時代から慢性的な抑うつ気分に悩まされていたため，高校・短大と校内のスクールカウンセラーのカウンセリングを受けていた。短大時代の後半と就職して間もなくは落ち着いていたが，現在の会社（大手企業が比較的最近立ち上げたヒューマンサービス部門）に就職して，しばらくした頃から不安定になってしまった。たとえば職場の会議で，ブレーンストーミング的に全員が発言する時間になると，のどが詰まって何も言えなくなる。涙だけひたすら流れるというようなことがしばしばある。

　高校時代からよく気分が落ち込んで何もできなくなることがあったが，今でも毎年秋になると特に落ち込みがひどくなる。そうなると通勤電車のなかで気持ちが悪くなり，外出先で一切食事がのどを通らなくなる。その反動で，夜中に無性に食べたくなって，ひたすらパンや菓子類を食べ続けてしまうこともある（ただし嘔吐はなし）。

　いろいろな気持ちがたまってきて，それをどこかで吐き出したくなる。高校・短大でのカウンセリングは，そういう吐き出す作業をひたすらやっていたと思う。でもそれで変わったという感じはしない。

　今まで，あまり腹が立ったり，怒りを覚えたりしたことがない。そういう感情を抱くのが嫌で，それでうまく感情を出せなくて，涙

になるのかもしれないとも思う。

　母親はとても不安定な人で、何かあるとすぐにBさんに八つ当たりして「お前なんて産まなければよかった」とか「お前は本当に馬鹿な、ひどい子だ」などと、今思えば言葉の暴力の絶えない人だった。今でもはっきりと思い出すのは、幼稚園の頃、よくわからない理由で責められたので、ウソでごまかしたら余計に責められて、「そんな子はうちの子じゃないから出て行きなさい」と言われて、近所の川のほとりで泣きながら過ごしたことだ。たしか日曜日で、父親も家にいたけれど何も言ってくれず、結局夜になって怖くなったので家に帰った。家に帰ってみると母親も父親も何事もなかったような様子で、余計に訳がわからなかった。一人で川面を見つめていたときの光景や気持ちは、今でも何かあると昨日のことのように鮮やかに蘇ってくる。

2. 初期の介入

　数回のアセスメント面接の後、緊張と不安を下げるための自律訓練法を実施した。さらに不安やパニック症状、大事なときに言葉が出ないことなどについて、幼少時のトラウマ体験と関連付けて解説し、心理教育を行った。

　自律訓練法に関しては、呼吸法と手足の重温感、全身のリラックスと安心感を目指した簡便なものを実施した。数回実施した時点で「これをやってもらうと、とっても落ち着きます」とBさんが語り、顕著な効果が見られたので、自宅での継続的な実施を勧めた。するとその次のセッションで「一人ではなかなかうまくできないの

で，先生がここでやるのを録音してもらっていいですか」と持参の録音機を差し出す。セラピストはそれに応じて録音しながら実施した。その後半年以上にわたって，毎晩寝るときにこの録音を聴きながら実施しているとのことだった。

　また，心理教育に関しては，**海馬**と**扁桃体**，さらに**前頭前野**[7]の関係について説明し，海馬と扁桃体の反応に対して，前頭前野が現実的な判断をして制御することの重要性を伝えた。また，パニック症状に関しては，脳幹部の青斑核[8]と前頭前野の関係で説明したところ，次のセッションで「前回は先生から脳がどうのこうのというよくわからないことを言われて，困ってしまった」とやや否定的だった。

　そのため，心理教育に関してはセラピストが焦らないことが肝要ととらえ，パニックに関する「あ，ドキドキしてきた。どうしよう。大変だ。もう駄目だ」という**破局的認知**を「そういう不安は，時には身体がもう駄目だと言っている良いサインでもあるし，あるときには非常ベルの誤作動のように，本当は大丈夫なときにも鳴ってしまうようなこともあるものなんですよね。ストレスを抱えて体調が悪いとき以外のドキドキは，少し様子を見て自分自身に『大丈夫，大丈夫』と言ってあげましょう。ちょうど胸のところに怖がりの子ネコやウサギちゃんがいるようなつもりで，その子ネコやウサギちゃんに『だいじょぶよー，だいじょぶよー』と言ってあげられるといいですね」という具体的な対処法をわかりやすく教えることに重点を置いた。

　また，幼少期から持続した家庭内のストレスに関しては，「複雑性トラウマ」として明確化し，心理教育を行った。具体的には「複

雑性トラウマによる有害刺激と無害刺激の弁別の困難さ」と,「感情制御の難しさ」について,かみ砕いてできるだけわかりやすく,具体例を交えながら説明した。

3. 中期の介入

面接10回程度で抑うつ感やパニック様の症状が軽減されてきた。しかし,それに反して職場内でのストレスに関する訴えが強くなっていった。以下,やりとりの一部を多少の要約と変更を加えたうえで紹介する。

クライアント（以下 Cl）：職場で,男性たちは反応も速いし対応も的確なんです。うちの課には私の他にもう一人女性がいるんですけど,私たち二人は,大事なときにオロオロしちゃったり,考えちゃったりして,後で余計に大変になっちゃう。特に新しいお客さんや担当の人相手に,予想していなかったことがあったり,予想外のことを聞かれたりすると,もう訳がわからなくなっちゃうんです。

セラピスト（以下 Th）：ああ,そういうのってありますよね。よくわかります（セラピストの失敗談を少し話す）。

Cl：考えてみると母親も瞬間湯沸かし器というか,すぐに感情的になって私を問い詰めてきてた。「気持ちを言いなさい！」とか「きちんと理由を説明しなさい！」と言われるけれど,がんばって言ってみても,余計に怒られるばっかりだった。それに私の場合本当の気持ちが出てくるのは,一日くらい

たってからだし。行動の理由って言われても，頭が真っ白になっちゃってうまく言えないし。すぐにちゃんと言えない私って，本当にダメだなって。
Th：いつでも素早く対応できて，言葉できちんと言えない私はダメな人間だと。
Cl：はい。
Th：たしかに，必要なときにすぐにちゃんとした言葉が出ないのは，悔しいですよね。
Cl：そうなんです。
Th：ねー。ただ，がんばって言ってみても余計に怒られるんだったら，言わないほうがいいってなっちゃいますよね。それは心理学で言うと「学習が成立する」っていう，「言いなさいと言われてがんばって言うと余計に事態が悪化するから，言わないほうがマシ」という習慣が形成されるんですよね。
Cl：たしかに，そうかもしれないです。
Th：それから，本当はがんばって言ったらうまくいったという経験もあったかもしれないけれど，そういう成功体験はあまり記憶に残らずに，言ったら余計に悪くなったという失敗体験ばっかりが記憶に残っているのかもしれませんね。いずれにしても，これまでにがんばって言ってみたらうまくいったという経験を思い出したり，これから「がんばって言ったら事態が良くなった」という経験を積んだりしていくことが大切だと思いますよ。
Cl：そうなんですね。でも，私はもともと言葉がすぐに出てこな

いほうなんだと思うんですよね。
Th：それは，**内向性－外向性**の違いもあると思いますよ。内向的な人は刺激に敏感なのに，抑制がかかりやすいので外部への反応や適応に時間がかかってしまいがちです。周りの反応にも敏感で自分の内側ではいろいろと細やかに感じているからこそ，それを正確に言葉にするのに時間がかかってしまう。ところが外向的な人は抑制はあまりかからないから外部刺激に対しては反応や適応が素早いんですけど，その分細やかさに欠けていたり，無自覚になったりしやすいんです。つまり，どちらが優れているというわけではなくて，違うパーソナリティなんですよ。お母さんは外向的で，Bさんは内向的なんだと思いますよ。親子でこの組み合わせになってしまったのは運が悪かったと思いますけど，少なくともBさんが劣っているわけでは全然ないですよ。
Cl：でも，少なくとも仕事では，迅速に対応できないと……。男性社員はみんなできてる感じだし。
Th：何か，男性たちは優れてて，女性は劣ってる感じがしちゃいますか？
Cl：そうなんです。それも職場での涙の一因になってる気がするけど，泣くと余計に男性たちから「これだからダメなんだ」と思われてる気がして……。
Th：会社のスローガンは「人と人との触れ合い」を大事にしている感じなのに，あまり社員同士はそうしてくれない感じなんですかね。

Cl：そうなんです！　特にうちの課は，代々の女性社員はみんなつぶれて辞めていってるんです。
Th：たしかに現代では効率で言えば外向的な人のほうが便利かもしれません。でも，Ｂさんの仕事は，効率だけでは測れないはずですよ。外向的な人にはできない，細やかな気持ちのこもったサービスができると思うんですけどね。

　以上のような**パーソナリティ心理学**[9]の知見を応用した対話を何度となく繰り返した。具体的には，刺激に敏感でありながら行動の抑制がかかりやすい，内向性をかなり強く持ったクライアントと，積極的・活動的で抑制がかかりにくい，外向性をそなえた母親や男性の同僚との違いを，優劣ではなくパーソナリティの違いとして理解してもらうように努めた。

　さらに「男性は優れていて，女性は劣っている」という見方を強く持っていると思われたＢさんに，コーエン[10]などの性差の心理学による男性と女性の脳の機能や心のはたらき方の違いを説明した。具体的には，女性は他者に対して共感的で，協調的な方法を取ろうとすることが多いのに対して，男性は状況をシステマティックに分析して，仕事もシステムとして推進しようとするため，時に主張的・攻撃的な方法を取ろうとする傾向が高いことを「共感する脳とシステム化する脳」の違いとして説明した。つまり，男女の性差はどちらかが優れていて，どちらかが劣っているのではなく，単なる「違い」であって，仕事の上でもプライベートでも両者のバランスが大切であることなども解説していった。

また，自己主張できないことに関しては，自己主張せずにその場を協調的な雰囲気でやり過ごすことと，後でさらに過大な要求をされたり，こちらの辛さをわかってもらえないことのメリット・デメリットについて，セラピストの押し付けに対して反論できなくなることのないよう，十分気をつけながら説明した。そして，まずは「支援を求める」「上手に甘える」というアサーション（柔らかな自己主張や自他尊重の自己表現）を勧めた。

　このような対話を続けるうちに次第に職場での劣等感が低減され，「今週はお客さんとの面談で，同席の男性社員よりきめ細かなやりとりができて，それを相手から感謝されて成果につながった」「男性たちもよく見ていると，行き届かないところがあったりする。しかも効率を目指しすぎてかえってうまくいっていないところもあるし，本人たちも苦しそう」「課内の男性社員が全員しっかりできているというのは，私のとらわれだった気がしてきた。みんな反応が早くて自信に満ちていると思ってたけれど，ただ，反応しているだけで，本当は何が大切かわかっていない人もいるし，とりあえず取り繕って，無難にやろうとしてばかりいる男性社員もいることがわかってきた」という発言も聞かれるようになった。

　このような変化と同時に「若手の男性の同僚に『ちょっと甘えてもいいですか？』と愚痴を聞いてもらった」「職場のもう一人の女性と，初めて思いっきり職場の問題点を話して，意見が一致した」「会議で自分の意見をかなり主張できた」「職場で今まで受容的にやりすぎていた。もうちょっと押すところは押さないと，と思うようになって，少しずつできるようになってきている」などの行動上の

変化と、「そういう風に少し主張した後、後悔や自分を責める気持ちに襲われなかった」という主観的体験の変化が報告された。

4. 後期の介入

しかし一方で、両親のイメージに変化が見られなかったため、セラピストは多少意図的に、これまでの問題を両親の傾向と結び付けるような質問をしていった。するとBさんは「父親は優しい人だと思っていたけれど、よくよく考えるとマイペースなところがあり、『とにかくその場を無難に過ごそう』という傾向の強い人だったと思えてきた。たしかに行動的で反応は早くて口のうまいところはあるけれど、母親の感情的な言葉に対して、適当に言い繕ったり、とにかく謝って済まそうとして、それがさらに母親をイライラさせて感情の爆発につながっていたことも多かった。私の質問や反論にまともに答えてくれたこともない。『お父さんは偉い人なんだよ』と周りや親戚に言われて育ったから、そうだと思い込んでいたところもある」と語った。

そこでセラピストが「これまで男性をついつい実際よりも理想化してしまっていた傾向のもとは、お父さんへのそういった見方から始まっていたのかもしれませんね」と介入したところ、「そうかもしれない。でもセラピストと話しているうちに『男性だからって優れているわけじゃないし、別に行動的な人がいつも正しいとは言えない』と思えるようになってきた。セラピストもご自分の失敗談もいろいろ話してくれたし、初めの頃『脳がどうのこうのというのは、よくわからない』と言ったら、考え込んだりしどろもどろになった

りしながらも，丁寧にわかりやすく説明しようとしてくれましたよね。自律訓練法も録音してくれたし。セラピストみたいにゆっくりな男性もいるんだなと思いました」とセラピストの態度が少なからず影響を与えていたことを示唆する発言もなされた。

5. 終結期

父親への認識が変わるにしたがって，母親への恨みや恐怖感も次第に少なくなっていった。それとともに，職場の抱える矛盾点や，際限のない業務拡大方針と，深夜までの残業続きに問題を感じて，「このままでは，結婚も子育てもできない」と退職を検討するようになっていった。両親への感情はかなり変わったものの，帰郷して実家に同居するのはネガティブな影響が大きすぎると考え，郷里には帰るものの実家とは少し離れたところに一人暮らしし，東京の会社で培ったヒューマンサービスの能力を生かした仕事に就くことを目指すことになる。

退職と帰郷後は不安定になる可能性も考えられたため，場合によってはメールによるカウンセリングも考えて，アドレス交換をして終結となった。心理療法開始後約2年，約40回のセッションであった。

6. 終結後の経過

その後，半年に1回程度のメールによる近況報告や年賀状によって，比較的安定して過ごしていることが伝えられた。数年後に結婚し，出産・子育てに励んでいることが報告された。

Ⅳ 本事例における「基礎心理学の臨床的ふだん使い」

　初期においては，緊張と不安を下げるための自律訓練法の実施，さらに不安やパニック，言葉が出ないことなどについて，幼少時のトラウマ体験と関連付けて解説し，心理教育を行った。具体的には海馬と扁桃体，さらに前頭前野の関係について説明し，海馬と扁桃体の反応に対して前頭前野が現実的な判断をして制御することの重要性を伝えた。また，パニック症状に関しては，脳幹部の青斑核と前頭前野の関係で説明したが，あまり伝わらなかった様子だったので，破局的認知についての解説と**コーピング**について伝えたところ，納得感が得られた。さらに幼少期から持続した家庭内のストレスに関して「複雑性トラウマ」として明確化し，心理教育を行った。具体的には「複雑性トラウマによる有害刺激と無害刺激の弁別の困難さ」と「感情制御の難しさ」について，かみ砕いて具体例を交えながらできるだけわかりやすく説明した。

　中期においては，自分の気持ちや，行動の理由を説明することの苦手さや抵抗感について，学習心理学の観点から簡単に説明し，さらにパーソナリティ心理学の知見を応用し，刺激に敏感でありながら行動の抑制がかかりやすい，内向性をかなり強く持ったクライアントと，積極的・活動的で抑制がかかりにくい，外向性をそなえた母親や男性の同僚との違いを，優劣ではなくパーソナリティの違いとして理解してもらうように努めた。ただしこの点に関しては，現

代の日本においては内向性という言葉はどのように丁寧に説明しても否定的にとらえられることが多いため，現在であれば，より生物学的な根拠の確かめられているクロニンジャーのパーソナリティ理論[5]に基づいて，外向性を「新奇性追求」，内向性を「報酬依存傾向」に置き換えて説明したほうが，誤解が少なく納得感が得られやすいかもしれない。残念ながら筆者はこの事例担当時には，不勉強にしてクロニンジャー理論の知識が不足していたため，それはできなかった。

さらに「男性は優れていて，女性は劣っている」という見方を強く持っていると思われたBさんに，コーエン[10]などの性差の心理学による男性と女性の脳の機能や心のはたらき方の違いを「共感する脳とシステム化する脳」の違いとして説明した。またそれに続いて「アサーティブネス（柔らかな自己主張や自他尊重の自己表現）」を促進する介入も行った。その結果「何も言えずにただ涙が流れる」代わりに「ちょっと甘えてもいいですか？」と了解を取り付けてから甘えたり，愚痴をこぼしたりするという「弱みのアサーション」ができるようになっていった。これは近年，筆者がアサーションの特に重要な側面と考えている点でもある。

後期においては，後付けで説明すれば，結果的にセラピストの言動を参考にして，模倣的に学ぶという**モデリング**学習も成立していたと言え，父親・母親や，上司や先輩とは違う年長者の存在として，セラピストから新たな関係性や**ソーシャルスキル**を体験的に学ぶという形になっていたと考えられる。これは，従来の精神分析的な文脈で言えば「転移」として扱われるべきと考えられうるものである。

しかし本事例のBさんが、不安障害を持ち、さらに「穏やかな陽性転移」のまま経過したため、言語的解釈による直面化などはかえって混乱につながる可能性もあると考えて、意図的に扱わなかった。

V　まとめ

　以上、基礎心理学の臨床的ふだん使いについて1つの事例を取り上げて示した。本事例において応用した基礎心理学は、すべて専門家による十分な検証を積み重ねてきたものであるので、科学的根拠をそなえた確かなものである。それゆえに現代のクライアントに対して、説得力に富み納得感の得られやすいものとなっている。
　しかしながら、基礎心理学が科学である以上、その知見はつねに再検証と発展を続けていくはずのものである。基礎心理学を応用する側としても、この再検証と発展をつねに注視して、古い時代のすでに否定された知見に固執することがないようにと自戒したい。
　また、心理療法は、フランク＆フランク[11]が述べているように、「説得」としての側面を避けがたく持っているものであるので、そこに必ずセラピストのレトリックとしての言動と、さらにその下に底流する人間観を無視することはできない。科学的知とともにセラピスト自身への知、すなわち自身の視座や認識の癖、人間観についても十分に探索し続けていかなくてはいけないのである。
　さらに統合・折衷的心理療法に強く賛同している筆者としては、基礎心理学の統合は当然のことであるが、これだけでは十分ではない。残念ながら現代の基礎心理学は、まだ人間を包括的に説明する

道具としては不十分であると感じている。ある程度でよいので哲学や社会学，宗教学や人間学などの成果をも取り入れていきたいと思っている。

文　献

- 【1】 C・G・ユング［林道義（訳）］（1989）心理療法論．みすず書房，pp.8-31.
- 【2】 福島哲夫（2006）心理臨床学の基礎としての折衷・統合的心理療法——基本的態度の微調整と技法選択に関する試論．人間関係学研究（大妻女子大学人間関係学部紀要）8；49-61.
- 【3】 福島哲夫（2007）セラピストの基本的態度の調整と技法選択に関する試論（2）——クライアントの沈黙・質問・饒舌をどう扱うかと日記の有効性について．人間関係学研究（大妻女子大学人間関係学部紀要）4；133-143.
- 【4】 遠藤利彦（2010）発達心理学とは何か．In：坂本真士・杉山崇・伊藤絵美（編）臨床に活かす基礎心理学．東京大学出版会.
- 【5】 木島伸彦（2010）パーソナリティ心理学とは何か．In：坂本真士・杉山崇・伊藤絵美（編）臨床に活かす基礎心理学．東京大学出版会.
- 【6】 ヴァン・デア・コルクほか［西澤哲（訳）］（1996）トラウマティック・ストレス．誠信書房.
- 【7】 大平英樹（2010）神経－生理心理学とは何か．In：坂本真士・杉山崇・伊藤絵美（編）臨床に活かす基礎心理学．東京大学出版会.
- 【8】 粥川裕平（1993）パニック・ディスオーダー——その生物学的側面．精神科治療学 8-5；519-527.
- 【9】 国里愛彦，山口陽弘，鈴木伸一（2007）パーソナリティ研究と神経科学をつなぐ気質研究について．群馬大学教育学部紀要 56；359-377.
- 【10】 サイモン・バロン＝コーエン［三宅真砂子（訳）］（2005）共感する女脳，システム化する男脳．日本放送出版協会.
- 【11】 ジェローム・D・フランク＆ジュリア・B・フランク［杉原保史（訳）］（2007）説得と治療——心理療法の共通要因．金剛出版.

コラム
基礎心理学と私
心理学を侮っていた若き日
福島哲夫

　大学の日本文学科に入った頃，18歳の私は，国語教師を目指しつつも，本当は「プロギタリスト」を夢見て1日8時間以上の練習に励んでいました。その一方で，高校時代から心理学には興味があり，解説本などを読んではいましたが，全く満足していませんでした。

　「心理学って，案外役に立たない」「大学の一般教養でやっている心理学は，全くつまらない」「ネズミやハト，サルの研究からわかった心理学なんて，しょせん人間の役には立たない」というのが，率直な感想でした。

　今の私なりの言葉で当時の不満や期待はずれを説明すれば「複雑な言語を持つ人間の心理を，言語を持たない（あるいは単純な言語しか持たない）ネズミやハトやサルと同列に論じることはできない」という直観だったのだと思います。

　しかし，その後ユング心理学を知り，さらに臨床心理学の存在を知るに至って「こういうものがあるなら，自分がやりたいのは心理学だ」と転向を決めました。そして当時やっていたとても割のいいアルバイトを辞めなくても通える（？）範囲の大学院で，ユング心理学を学べるところをくまなく探しました。いよいよ受験したとき，面接試験で「なぜ文学から心理学に専攻を変えたいんですか」との質問に，思わず次のように答えました。「文学には明確な方法論がないところが不満です。その点，心理学にはいろいろな方法論があり，それぞれに科学性と説得力を持っているので，とても魅力的です」。

　その後，心理学全般を学ぶにしたがって，特に自己意識心理学や

自己過程の心理学は，まさに言語と自己意識・自己言及という働きを持った人間の心理を解き明かそうとしているということがわかりました。つまり社会心理学は言語とコミュニケーション，対人関係を含む，それこそまさに「人間についての心理学」であるということがわかり，さらにその背景にはより基礎的な心理学があることもわかり，それまで基礎心理学を侮っていた自分を深く反省したのでした。

　さらに臨床心理の現場に出てみると，ユング心理学や精神分析の理論と方法，来談者中心療法が合っていると思えるクライアントはむしろ少数で，かなりの割合のクライアントが身体のリラクセーションやイメージ療法などのほうが有効だったり，現在の悩みが社会的学習やオペラント条件づけ的な問題と思わざるをえないクライアントも多数いました。

　いろいろなクライアントにお会いして，少しでも役に立とうと思えば思うほど，人間の苦しみには，素質的な問題から，学習，トラウマ，コミュニケーションや帰属感の問題，自己概念，さらには実存的問題と実にさまざまなレベルのものがあり，それらがそれぞれに重要なんだと思うようになりました。

　そのような意味で，現在は，脳科学や基礎心理学，社会学や哲学・宗教学などが，まったく同じ重みで私の中にあり，日々勉強に終わりはないという状況です。

コメント

中釜洋子

　福島氏は，自身の統合・折衷的アプローチについて，個々のクライアントが「変化への動機づけ」「内省力」「スピリチュアリティへの志向性」という3軸上のどこに位置づくかの判断に基づき，治療技法とセラピストの態度を選択し微調整する方法と説明している。セッションの進展につれて用いる技法を変えるということだが，クライアントの状態やパーソナリティ，志向性を方針決定の中心に据えること，それによりクライアントをこちらの土俵に乗せるのでなく，こちらが微調整してその時々のクライアントにフィットし効果ある方法論を工夫することが，3次元統合モデルの真髄と言える。私自身も統合・折衷的アプローチを標榜する一人だが，それは，関連諸科学がもたらした今世紀の最大の発見は，私たち人間の幅が広いこと，すなわち個人差が予想以上に大きいことであり，心理療法の普及により，文化的にも社会階層的にも，これまで経験したことのない問題群，臨床群に対処することが心理援助職に求められるようになったと強く実感するからである。明確な適用基準を設けてクライアントを選別する心理療法があってもよいが，他方，クライアントの生の現実を起点に相応しい方法論をオーダーメイドしようとする姿勢はたいへん臨床的である。福島氏は長年の試行錯誤を経て，いまや迷いなく後者の道を取るようになったのではと想像した。

　さて掲載されたケースだが，女性クライアントの気分変調性障

害・パニック発作・摂食障害傾向との取り組みに，セラピストが上述の統合モデルを当てはめてゆく様子が分かりやすく紹介されている。動機づけが高く内省力はさほどでないというアセスメントを出発点に，初期には心理教育という介入法を採用して，自律訓練法の導入とパニックとの付き合い方の伝授を，中期は内向性－外向性やジェンダーの心理教育，アサーティブネス促進のための働きかけを行った。後期に入ると養育環境への洞察をクライアントなりに深めて，価値観を見直し生き方を再選択したところまでを福島氏は同行した。終盤が特に印象的で，それ以前に撒いた種が自ら蔓を伸ばすように価値観の再探究が進む様子は非常に見事と感じられる。

　ここまで述べてきて，治療技法の微調整が全行程を通じてスムーズに進んだ効果と，基礎心理学が見出した知見を折々に提供し，クライアントの再学習に役立てた治療効果は，誰の目にも明らかと感じられる。ここでは心理療法を支えたもうひとつの要因と捉えられる，セラピストがクライアントとの間に作り上げる関係の質，ないし知見を提供する仕方に目を向けておきたい。これを対等性と称することもできるだろう。が，対等という以上に，積極的にクライアントのフィードバックを求めようとするセラピストの姿勢が印象的である。クライアントからのフィードバックは総じて理があると捉え，提供する心理療法に取り入れようとする。結果，セラピストによる選択にクライアントの意見が組み込まれ微調整がなされることになり，クライアントの自尊心が高まる構図ができあがっている。良質の養育・教育につきものの関係で，当該のクライアントにとっては，トラウマティックな親子関係の情動修正体験の意味も多分に

持っただろう。経過を見返すと，自律訓練法を録音したいと申し出た時，すでにクライアントの自発性は動き出していて，脳のメカニズムの心理教育のあたりではさらに生き生きしたものへと育っている。この意味ではセラピストの姿勢は終始一貫変わらなかった，変わらないものに守られて微調整がスムーズに進んだのだと，納得感をもって受け止められた。

事例 3 強迫症状から重度の抑うつ，抑制のきかない憤懣に症状が変遷した男性が「自分」を回復した過程

杉山　崇

■基礎心理学に関わるキーワード
被受容感，気分一致効果，ソシオメーター理論，内的統制感（原因帰属），自己確証理論，内集団－外集団，扁桃体，被拒絶感，誘因，自己成就的予言，手がかり刺激，情動調節，自己スキーマ，注意資源，T・ミロンの類型論，社会的比較，自己注目，ストレスホルモン，前頭前野，C・クロニンジャーの特性論，気質，抑うつ的帰属スタイル，意味記憶，エピソード記憶，発達心理学，ストレスコーピング，オペラント条件づけ

I　心理臨床に対する筆者の姿勢

　筆者は人間性アプローチの日本への導入で知られる故村瀬孝雄，元型心理学の紹介や事例研究法の精緻化で知られる故相馬壽明に師事しつつ，心理職としては医療，教育，福祉など，さまざまな職域を渡り歩いた。その中で関与観察を暫定的に基礎とするようになったが，関与は，(1) 共通要因アプローチに基づいた治療関係[1]，(2) 治療的態度の柔軟な調節，を心がけ，また観察は，(3) 認知行動療法の観点，(4) 基礎心理学の各観点に基づいた見立て（治療仮説），を心がけるようになった。(3) は本書「事例5」を参照いただき，以下に筆者なりのよりよい心理臨床への努力として (1)(2)(4) を紹介する。

1. 共通要因アプローチに基づいた関係づくり

　このアプローチでは治療関係要因は治療効果の 30% とされ，カール・ロジャースが有効な治療的態度の条件として提案した尊敬（受容的態度），共感（共感的理解），純粋性（セラピストの自己一致）の 3 条件が重視されている。筆者は社会心理学の方法で 3 条件の効果を検討した。まず，3 条件に対応した**被受容感**（自分は他者から大切にされているという認識と情緒）という概念を立てて測定尺度を作成したところ [2]，図 1 のように，被受容感は気分を肯定的にする効果が繰り返し確認され，**気分一致効果**の働きで建設的で適応的な認知の再構成を促すことが示唆された。また，被受容感にはM・リアリーらの自尊心の**ソシオメーター理論** [3] が示唆するように，自尊心を高める働き，さらに B・ワイナーの帰属理論における**内的統制感（原因帰属）** [4] を高める働きがあることも示唆されている [3]。W・スワン Jr. の**自己確証理論** [3] によると，認知的な不快感を避けるために自己認知過程は既存の自己概念に一致した方向に進みやすい。セッション内で自尊心と内的統制感が高まれば，クライアントは自分を大切にして建設的に考えるようになると予想される。このように，カール・ロジャースの 3 条件が満ち溢れたセラピストの治療的意義が示唆されているので，筆者は 3 条件を心から信頼することができるようになった。

　また，治療関係要因としては，(1) クライアントの目標に沿う，(2) 望んでいる治療関係を受け入れる，の 2 点も重視されている。(1)は，"同じ目的を持った仲間になる" ことで，クライアントとセラピス

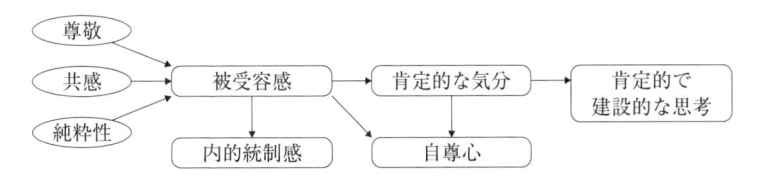

```
尊敬 ─┐
共感 ─┼→ 被受容感 →  肯定的な気分 → 肯定的で
純粋性─┘      ↓           ↓          建設的な思考
          内的統制感      自尊心
```

図1 ロジャースの3条件および被受容感の効果（杉山（2005）を一部改変）

トをその他の他者から区別させ，一種の内集団と認知してもらうことと言い換えることができるだろう。社会心理学における**内集団－外集団**の研究[5]によると，仮にセラピストが外集団と思われると治療関係が不快な場になる可能性があるという。したがって，セラピストが外集団と認知されない配慮は不可欠だと言える。

一方，内集団と認知される過程では，言葉による目標や関係性の受容だけでなく，表情による受容も必要だと思われる。たとえば，怒りや不安の表情は感情システムの中心である**扁桃体**を鋭利に刺激する[6]。つまり，セラピストの表情に困惑や不安，疑念が見出されると，クライアントの扁桃体をネガティブに興奮させ，不快にさせることが示唆される。変化への動機づけを促す場合には，あえて違和感をクライアントに与える場合もあるが，無用な不快感や不信感はクライアントの認知資源を奪うだけだろう。そこで，杉山・坂本（2006）[2]に基づいて受容的態度に満ちた表情刺激を心がけ，無用な違和感を与えないように配慮したい。

2. 治療的態度の調整

心理療法では心理教育などの情報提供や助言が必要なこともあ

り[7]．被受容感が体験されている場合には自然な提案という形で助言ができることが多いように思われる。一方で，他者から無視・拒絶されているという**被拒絶感**[2]が高いクライアントが来談することがある。被拒絶感が高いクライアントは助言を苦言と受け取ることが少なくない。

そこで，クライアントが苦言と感じにくい存在感をつくるために，治療的態度を調節する必要性が生じてくる。筆者の場合は深い共感を手がかりに，クライアントが必要としている存在感を検討する。そのなかで，サポーター的，同僚的，友人的，父的，兄的，時に母的，祖父的，指導者的，先輩的，後輩的，など，クライアントに最も心地よく体験してもらえそうな態度を探る。たとえば，自己愛的なクライアントには，先輩を尊敬・賞賛する後輩のような態度を取りながら質問の形で助言を織り交ぜ，人生経験が少なく自信がないクライアントには，承認と安全を提供する先輩のような態度で助言をする場合もある。このように共感によって得られた資料の適確な活用への努力を心がけている。

3．基礎心理学の各観点に基づいた見立て――治療仮説

共通要因アプローチでは治療外要因（心理療法以外の要因によってもたらされているもの）の治療効果は 40% と考えられている。従来の臨床心理学の枠組みで言うと，たとえば力動的アプローチでいう自我機能や人格水準（クライアント内要因）や，ユング派のアプローチでいう共時性（偶然の出来事要因）などが該当する。

治療外要因を変容させることは難しいが，セラピストなりに治療

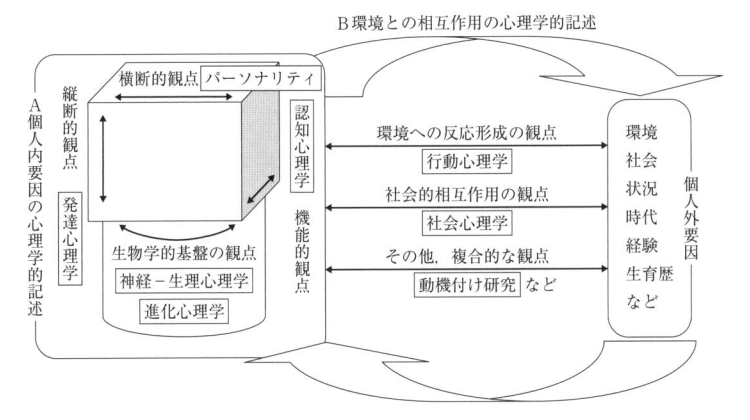

図2 基礎心理学の領域と観点（杉山（印刷中）を一部改変）

外要因にアプローチできることもある。たとえば，(1) 治療外要因を見立てる，(2) 見立てに応じた技法や治療理論を提供して治療外要因の変容を図る，(3) あるいは，目標に有効な治療外要因を発見してクライアントのプラセボに還元する，といった介入ができる。ここでは見立ての観点が多面的で複合的であるほど見立ての精度は上がることが期待できる[8]。

見立ての精度については図2にあるように，基礎心理学はさまざまな観点から心にアプローチしている。個別の観点は断面にすぎないが，各観点を織り上げることで立体的に「ヒト」が見えてくるだろう。たとえば，生活環境にある各種の**誘因**，ネガティブな**自己成就的予言**や自己確証の繰り返しをポジティブに変えられるきっかけ，環境に仕掛けられている条件付けシステムや望ましい行動を起こすための**手がかり刺激**，などを検討する。また，発達段階や先行経験，

個人差（パーソナリティ），認知的および知的機能，およびその生物学的背景を見立て，「現在の環境（刺激）によって個人内に何が起こるか，そして個人の変化が環境をどう変えるか」について治療仮説を立てる。もちろん，心理学の観点を複合するだけでは足りない点もある[9]。しかし，心理職としては心理学に基づいて心理臨床をより科学的に，より人間的にすることが社会的な役割でもある。

II 事例の概略

　民間の非医療系心理相談機関で担当した強迫症状，抑うつ感，統制のきかない憤懣に苦悩したC氏（男性，30代前半，会社員，未婚）の事例（来談期間2年半，約80セッション）を紹介する。

　C氏は社会人1年目から軽い強迫症状を自覚していたが，来談4, 5年前から企業業績の悪化など職場環境が厳しくなるなかで徐々に強迫症状が悪化。ウェブで自分の症状について検索したところ，心理療法が必要ではないかと考えて来談した（来談時GAF（機能の全体的評定）= 55-50と推定）。本人の希望もあり認知行動療法を適用したところ，強迫症状は間もなく日常的に問題のないレベルに軽減するが，強い抑うつ感や不眠，希死念慮を訴えるようになる。反芻される数々の悲観的，絶望的な自動思考を検討し，セラピストが再保証を繰り返すなかで，過去に彼に屈辱感を与えた家族，同級生，さらには勤務先の上司および取引先への激しい怒り，殺意へと発展する（GAF = 45-50と推定）。過去のトラウマ記憶と向きあうなかで，「C氏」のあり方を模索した（終結時，GAF = 71-75と推定）。

Ⅲ 事例初期

1. インテーク面接と暫定的な見立て

　この事例ではインテーカーがセラピストを務めるという前提で，インテーク面接を 2 回行った。初来談の C 氏は怯えた小動物のような態度であったが，言葉を選びながら比較的整理された内容を語り，応答性も良く，知的な問題および発達障害の可能性は感じさせなかった。

　筆者の治療姿勢 (1)(2)(3)（本書 p.71）に基づいて関係をつくりながら状況を伺ったところ，勤務先では業績が緩やかに下降するなかで，来談 3 年前に希望退職者優遇の一時的措置を行ったという。その結果，いわゆる「使える人材」が同時に多数退職し，現場が混乱した。現在は希望退職を募らずに水面下で狙い撃ちして退職を促しているため，社内には疑心暗鬼が広がっているという。C 氏自身は昇任したものの予想以上に責任と業務が増し，「与えられた仕事ができないことを理由に退職を促すのでは……」という疑念を募らせ，まずは仕事で，続いて日常生活で確認強迫が重症化した。症状に耐えながら日々の生活を営む努力に，セラピストから最大級の敬意とねぎらいを伝えたところ涙目になることがあり，孤独に努力を重ねている様子が伝わってきた。

　緊張感が溶けたのか，やがて嬉しそうに話し始めたが，家族や出身地，勤務先の上司や同僚の話になると一転して険しい表情を見せ

た。そして，表面的な言葉遣いや態度は穏やかながらも，セラピストを睨みつけるような態度，再び怯えたような態度を見せ，セッションの終盤では主語が曖昧な表現や敬語・丁寧語の使い方の混乱が生じ，エネルギーが切れたかのようにテンションが下がった。

　このセッションで治療姿勢の (1)(2)(3) が何らかの役に立つ可能性はあると仮定できた。しかし，現実の人間関係を話すことに抵抗が強いことから何らかのトラウマ体験を持つ可能性，そして「睨む－怯える」という態度の循環から**情動調節**に課題を持ち，パーソナリティ障害(以下，PD)の可能性を背景に持つ可能性も示唆された。

　トラウマ体験および PD の問題を持つ場合，強迫症状は一種の防衛機制として適応を支えている可能性が考えられる。たとえば，社会から攻撃・排除される恐怖よりは，忘れ物をしたら困る不安のほうがダメージは少ない。その意味では，極めて辛い内容の**自己スキーマ**[10] を持つ時には，有限の**注意資源**[11] を強迫症状に集中させることで，自己スキーマや破滅的な自動思考に振り分ける注意資源を抑制している可能性が考えられる。よって，症状を軽減させると注意資源が解放されて，自己スキーマの処理が促され，脅威的な自動思考に苦悩するリスクがある。C 氏の場合はトラウマ体験があることも想定されるため，このリスクはさらに慎重に考慮すべきだろう。ただ，C 氏自身が成育歴に触れられたくないことが予想されたので，パーソナリティのアセスメントを中心に自己スキーマの質を検討する質問を行った。なお，本人の希望で質問紙以外の心理検査は実施していない。

2. パーソナリティと自己スキーマ

　これまでのエピソードをベースに，まずは **T・ミロンの類型論**[12]から現在の対人関係の持ち方の特徴（パーソナリティ・スタイル：以下，PS）をアセスメントした。その結果，（1）抑制的 PS（負担を感じる人間関係を避ける傾向：回避性 PD と関連），（2）協力的 PS（従順に指示を待つ傾向：依存性 PD と関連），（3）威圧的 PS（他者を圧倒しようとする傾向：反社会性 PD と関連），を示唆するエピソードがあり，メイン PS の（1）で気に入らない人間関係から逃げようとするが，逃げ切れない場合にサブ PS の（2）または（3）で対応していることが示唆された。ただし，（3）は 20 年前のエピソードであること，現在の人間関係の中心は勤務先で，日本の産業界では未だに指示に忠実で誠実な人物を排除しにくい風土があるので，（2）が機能している可能性もある。そこで現状では PD の問題の検討は保留した。

　次に自己スキーマと概念的に重なりがある自己−他者体系[3]のアセスメントに，被受容感・被拒絶感尺度および甘えの断念尺度（他者に甘えてはいけないという考え方）[13]を用いたところ，被拒絶感と甘えの断念がかなり高かった。ただしこの結果は，男性の場合であれば適応が悪いパターンではないが，協力的 PS と甘えの断念の高さの葛藤が負担になっている可能性が考えられる。また，勤務先の状況からも「他者から拒絶されている自己（被拒絶感の高さ）」が「誰からも援助を得られず，退職に追い込まれる自己」という労働者としての破滅的な自動思考を促し，この自動思考が C 氏を周

囲から孤立させている可能性も考えられる。つまり，強迫症状の軽減によって，より深刻な不安・恐怖への注目が促される可能性を排除できない。

一方で，被受容感はやや低めなものの平均値に近く，セラピストの努力が適切であれば，治療関係や心理教育，助言を比較的受け入れやすい可能性もあった。つまり，C氏自身が抱える複雑な課題が浮上したとしても，治療同盟を維持して支援できる見込みがあると考えられた。

以上のことから，C氏に症状の軽減を目指して治療同盟を結ぶことは可能だが，一時的に今よりも辛くなる可能性があることを伝え，もしも何かの変化を感じたらセラピストも責任をもって手立てを一緒に考えるので，すぐに教えてほしいと依頼した。C氏は依頼に同意し，症状の軽減を目標に，認知行動療法に基づいた共同作業を重ねた（強迫症状の認知行動療法の実際は，伊藤（2008）[14] および中野（2009）[15] に詳しい）。

IV 事例中期

1．抑うつ症状

約2カ月後，C氏は強迫症状よりも抑うつ症状に悩み始めた。C氏は「変なことを言ってもいいですか？」と切り出し，「このまま生きていても自分には何もいいことがないような気がしてきました。症状がなくなれば仕事も楽になって，生活も楽しめるようになると

思っていました。でも，症状が軽くなってきても何も楽しくないのです」と訴えた。

C氏によると，まず1年くらい前から休日には動悸や焦燥感が絶えず，趣味のTV・映画鑑賞が楽しめなくなり，強迫症状が悪化したという。来談して強迫症状が軽減して楽になることを実感できたが，徐々に自分には希望がないことを意識し始めた。この1カ月は毎朝目覚めの瞬間から涙が溢れ，悲しくなり，早期退職した元同僚や元上司と自分を比較し，「自分もどうして早期退職しなかった（できなかった）のか……」と悩み，また社会的によりよい地位にある（とC氏には見える）人たちと比較して「就職活動で，大学進学でどうしてもっと頑張らなかったのか」と，**社会的比較**[11]と**自己注目**[16]を続けながら憂うつな気分で出社するようになった。

体調不良を理由に休んだ時には「いらない人間になってしまう……」と感じて本当に死にたい気分になり，体調が回復したことや業務が残っていることを理由に急に出社して上司に不思議がられた。セラピストは，疲労をためないように配慮しながら出勤して，少しずつでも仕事を進められている実感を確認してもらうように提案した。また深刻なうつ病が疑われたので，医師への受診や上司への相談の可能性も検討したが，C氏はセラピスト以外にはこの状態を知られたくないことを理由に保留した。

2. 抑うつ症状への治療関係と心理教育

C氏は自分がいかにだめな人間か涙目で語り，「こんな僕にも希望はありますか？」と再保証を懇願した。セラピストはサポーター

事例3 強迫症状から重度の抑うつ，抑制のきかない憤懣に症状が変遷した男性が「自分」を回復した過程

的な態度で主に接していたが，悲観的な語りに対しては母的な態度，状態の改善に向けた話し合いについては父的ないし指導者的な態度と，状況に応じて治療的態度を修正し，必要に応じて再保証を行い，さらにC氏自身の自己理解を促す心理教育を積極的に行った。

　心理教育では，まず「ひとり状況」[16]では自己注目が統制不能になりやすく，気分一致効果で実際よりも自分を悲観的に見やすいことを説明し，行動記録や損益比較表を書く，セラピストに次回話すことを書く，など必ず何かをするように勧めた。また，C氏は注意不足，計画不足から仕事でミスを重ねるようになり，さらに将来を悲観し始めた。そこで，扁桃体の過剰興奮（抑うつ気分）が長引いて**ストレスホルモン**の過分泌が続くと，注意・思考・計画機能を持つ**前頭前野**が抑制されること[17]を説明し，ミスの原因を自分に帰属しないように促した。C氏は「自分がダメだからミスが増えるし，苦しいことばかり考えてしまうのだと思っていた。説明されると今の苦しさにはなるほどと思える」としながらも，毎日生きていることが辛いことを訴えた。

3．希望の再保証

　次に介入としては，3つのコラム法（辛くなる状況・そこでの気分・自動思考の順に確認して，"ホットな"自動思考を明らかにする方法）を繰り返し実施した。その結果，(1)「勤務先が傾く恐怖」，(2)「転職における30代の年齢的不利」，(3)「仕事ができなくなって，勤務先（社会）から排除される」，(4)「誰も自分を大切に思わない」，(5)「ずっと一人ぼっちなのではないか」，(6)「自分が消え

表　C・クロニンジャーの特性論に基づく気質の傾向と
　　　労働者としての相対的評価

気質の特徴	労働市場で評価されやすいところ（「強み」）
新奇性追求低め	規範を大切にする安心な人。計画的で慎重。着実さが売り。
報酬依存やや高め	暖かく信頼できる話しやすい人。経験を活かして、失敗を繰り返さない。
固執やや高め	粘り強く、何かに集中できる人。勤勉さが売り。

ればみんなが喜ぶ」という自動思考が明らかになった。なかでも（4）（5）（6）は抑うつ気分とのつながりが強く、C氏を激しく揺さぶっていた。

　セラピストはこれらの自動思考の辛さには十分に深く共感しつつも、「そう見えないところがある」ことを伝えた。根拠を求めるC氏に、（1）現状として抑うつ症状があるにもかかわらず仕事を続けられている、（2）回復すればさらに仕事ができて周囲から求められる人になる、の2点を伝えた。そして、回復可能性を実感してもらうために、セラピスト自身も数年間の深刻な抑うつに陥ったことを開示し、（3）正しい努力をすれば抑うつから必ず回復できること、（4）セラピストも存在をかけて必ず回復するまで支援すること、を確信に満ちた表情とともに伝えた。C氏はひとり状況で悲観的な認知に飲み込まれそうになったら、このセッションを思い出してホームワークをやりたいと、一連の心理教育を受け入れた。

　また、将来への悲観を軽減するために、アセスメントで明らかになったさまざまなエピソードから**C・クロニンジャーの特性論**[18]に基づいた**気質**の特徴とその「強み（労働者として有利な点）」を

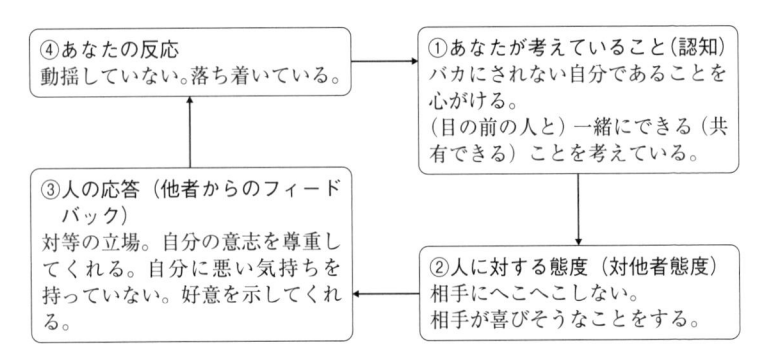

```
┌─────────────────────────────┐      ┌─────────────────────────────┐
│ ④あなたの反応                │      │ ①あなたが考えていること(認知) │
│ 動揺していない。落ち着いている。│      │ バカにされない自分であることを │
│                             │      │ 心がける。                   │
│                             │      │ (目の前の人と)一緒にできる(共 │
│                             │      │ 有できる)ことを考えている。   │
└─────────────────────────────┘      └─────────────────────────────┘
             ↑                                      ↓
┌─────────────────────────────┐      ┌─────────────────────────────┐
│ ③人の応答(他者からのフィード  │      │                             │
│   バック)                    │      │ ②人に対する態度(対他者態度)   │
│ 対等の立場。自分の意志を尊重し │ ←──  │ 相手にへこへこしない。        │
│ てくれる。自分に悪い気持ちを   │      │ 相手が喜びそうなことをする。   │
│ 持っていない。好意を示してくれ │      │                             │
│ る。                         │      │                             │
└─────────────────────────────┘      └─────────────────────────────┘
```

図3　目標とする認知と対人関係の相互作用

考えられることをC氏に伝えた。このテーマにC氏が関心を示したので，児童期のいくつかのエピソードを確認して，表のように伝えた。「強み」に関して「私もそう思ってもらえるでしょうか？」と訪ねたので，筆者は〈私が上司や同僚なら，間違いなくそう思います〉と再保証を行った。

さらに将来のイメージを明確化するために，筆者の作成した心理・社会過程アセスメントシートを導入した（図3）。このシートは，被拒絶感を軽減し抑うつを予防する社会的相互作用の基礎研究で見出された，認知と対人関係の相互作用（一種の自己成就的予言）を個別に検討するものである。C氏の場合は③から始めて，②，①，④の順でシートを完成させ，「小2までは，このように周囲から扱われていた気がします」「まだ相手はいませんが，将来は人並みに結婚して……」と語り，シートに書いた内容をひとつの目標とすることを話し合った。

V　事例後期

1．怒り・不満を持つことへの葛藤──トラウマ記憶と自己スキーマの修正

　一方，抑うつ状態が長期化するにしたがって，トラウマ記憶が想起され始めた。たとえば，父親に特訓と称してキャッチボールをやらされミスするたびに殴られたこと（ストレス解消のはけ口だったこと），母親は子どもの自分よりも母親同士の友だち関係を大切にしていたこと，幼稚園から遊んでいた同級生に小学校3年生から中学卒業までいじめられ，高校でも部分的にいじめが続いたこと，などの具体的エピソードが語られ始めた。C氏は「両親にあのように育てられてしまったから，いじめられてしまった。私も両親のように子育てするのではないでしょうか？　もう取り返しがつかないんじゃないでしょうか？」と訴えてきた。

　ここでは常識的な発達観とC氏の新奇性追求の低さ，報酬依存の高さに基づいて，〈子育てのやりかたは学べばいい。また，思春期には力を誇示したい男子もいる。あなたはそうではないので，つけ込まれたのかもしれない。そういう人があなたの身近にいたことは不運だった〉と，トラウマティック・イベントに関する内的・安定的・普遍的な**抑うつ的帰属スタイル**[16]の軽減を図った。さらに**意味記憶はエピソード記憶を重ねることで構成されるので**[11]，自己スキーマ（自己に関する意味記憶）の変容を目指して，C氏の自

尊心が高まるエピソードの再生を促すセッションを重ねた。

　少しずつ自尊心を取り戻したC氏だったが，急にセラピストをはじめ周囲の他者に批判的・攻撃的になり，勤務先の上司，同僚，取引先に至っては殺意を表すセッションが数回続いた。しかし，激しく批判したあとには決まって怯えたような様子で「いや，私が悪かった」というような発言を付け足すセッションが続いた。そこで，〈本当は誰に怒っているのでしょう？〉と3つのコラム法を実施したところ"不満を持つとひどい目にあわされるのではないか"という自動思考が恐怖を喚起していることが明らかになった。〈いつ頃から？〉〈"誰から"ひどい目に？〉というセラピストの問いに，小学生のころ親や同級生に不満を持つことでもっと怒られたりいじめられたりしたエピソードが語られ，不満を持つこと自体が怖いという。さらにセラピストや勤務先関係の他者は自分に直接的に危害を加えないので不満や怒りを向けてしまったが，このことで勤務先からもセラピストからも排除されるのではないかと本当は怖かったことを語り始めた。少なくともセラピストにはそんな心配はいらないことを伝え，勤務先関係の人たちもC氏のそんな気持ちには気づいてない，また気にしてもいないので，その証拠を確認してもらうことをホームワークとした。上司，同僚，取引先のすべてに，とくに変わった様子もなく，C氏は怒りや不満を持つだけなら安全であることを確認できた。

2. 憤懣の情動調節

　その後，両親に対しては複雑な思いがあるものの，怒りや不満を持ち続けると実際の関係を崩してしまうかもしれないと心配し始めた。そこで，内観療法を紹介したところ，その人間観に共感し，「複雑な思いは残るが，少し落ち着いた気がする」「両親との関係はまだまだ続くので，考えることは保留する」という形で落ち着いた。抑うつ症状も軽減していたが，いじめに関わった同級生に対する憤懣が止まらなくなり，C氏はいじめられた時のことが繰り返しフラッシュバックするようになった。そのため，些細なことで人に対して"自分をバカにしている"と感じることに悩み始めた。

　心理教育として，情動反応を抑制すると情動を喚起する対象に逆に注意が向き，情動調節が阻害されるという**発達心理学**の研究を紹介し[19]，いじめに関わった同級生に対してどのような感情があるのか，二人で再確認することを提案した。どのような方法がいいか検討していたところ，C氏は自発的に同級生一人一人の行為とその悪質さを「AAA（苦痛を与えての死刑相当）」から「D（執行猶予相当）」までに分類したメモをつくった。ただ，メモは「あまりにひどいことを書いているので……」とセラピストには見せなかったが，口頭で「こいつらはみんな死刑ですよ。（心のなかで）死んでもらっていいですか？」と涙ながらに訴え，セラピストはその気持ちを支持した。C氏は用意したメモのコピーを封筒に厳封したものをセラピストに預けたが，その後，C氏の希望で原本，コピーともセラピストがシュレッダーにかけることになった。

Ⅵ　事例終結期とまとめ

　こうしてC氏は，強迫症状，抑うつ症状，トラウマ記憶のフラッシュバックや憤懣が軽減した。しかし，勤務先の人間関係で「今までにない変な感じがする」と，人との距離を近く感じること（個人的な飲み会に誘われるようになった，など），今まではかなり強固に抑制されていた不満や怒りを経験するようになったことをあげた。前者には嬉しい時もあれば，人に気を使わないといけないので困ることもあるということで，自然に慣れていくことを目指すことになった。

　一方，後者に関しては勤務先の状況を考慮すると自然な不満とも考えられるが，C氏のストレスは今後も軽減しないことが予想された。そこで，いくつかの**ストレスコーピング**の可能性を提案したところ，"不満を顔に出さず笑顔で乗り切ったら甘いものを食べる"という**オペラント条件づけ**に基づく自己強化法をまずは取り入れた。次にマインドフルネスに基づいた「問題と距離を取るスキル」[20]を紹介したところ，ストレスを感じた時に足首を組む癖を手がかり刺激とし，呼吸法を行うことがC氏に合っていた。さらに，報酬依存がやや高いことと年齢的な課題を考慮して，信頼できる人間関係を持つことをセラピストから勧めると，C氏は勤務先以外の人とも交流したいと，同年代の社会人サークルを見つけて参加し始めた。抑制的スタイルと協力的スタイル，そして本来の報酬依存の高さをうまく活かして人間関係を展開し，「人間関係でうまく振る舞える

自分」という方向への自己スキーマの変容も進んだ。終結に向けた話し合いのなかで，C氏は終結すると元に戻ってしまう不安があったため，オンデマンドの形での中断を選んだ。その後，電話で終結を確認した。

　C氏の記録をC・クロニンジャーの特性論に基づいて振り返ると，来談当時は性格としての協調性だけを極端に獲得した状態であったと思われる。漠然と将来に希望を持っていたものの，トラウマ記憶とそれに基づく自己スキーマがC氏を脅かすため，自分について真剣に考えて自己志向性を獲得することが困難であった。また，トラウマ記憶と自己スキーマは報酬依存の高さと葛藤し，このこともC氏の負担になっていたと思われる。強迫症状を軽減させたことで，C氏は一時危険な状態に陥るが，C氏自身の考える力，自分自身を検討する力を発揮して，C氏なりに自分のあり方を見出した。筆者とのセッションはいわば，C氏を脅かす記憶と自己スキーマからC氏自身を取り戻す過程であったと言える。筆者はC氏という人生に立ち会わせてもらえたことを心から嬉しく思い，セラピストに筆者を選んでくれたC氏に深く感謝している。

文　　献

【1】 前田泰宏（2007）共通要因アプローチ．In：杉山崇・前田泰宏・坂本真士（編）これからの心理臨床．ナカニシヤ出版．
【2】 杉山崇・坂本真士（2006）抑うつの対人関係要因の研究．健康心理学研究 19-2；1-10．
【3】 杉山崇（2005）抑うつと対人関係．In：坂本真士・丹野義彦・大野裕（編）

抑うつの臨床心理学．東京大学出版会．
- 【4】 杉山崇（2010a）第8章 動機づけ．In：福田由紀（編）心理学要論．培風館．
- 【5】 Devine, P.（1989）Stereotypes and prejudice : Their automatic and controlled components. Journal of Personality and Social Psychology 56 ; 5-18.
- 【6】 大平英樹（2010）情動と扁桃体．In：坂本真士・杉山崇・伊藤絵美（編）臨床に活かす基礎心理学．東京大学出版会．
- 【7】 加藤敬（2007）理論統合アプローチ．In：杉山崇・前田泰宏・坂本真士（編）これからの心理臨床．ナカニシヤ出版．
- 【8】 杉山崇（2007a）村瀬孝雄の基礎学論再考．In：杉山崇・前田泰宏・坂本真士（編）これからの心理臨床．ナカニシヤ出版．
- 【9】 杉山崇（印刷中）近接領域とのインターフェース．In：心理臨床学会（編）心理臨床大辞典．丸善．
- 【10】 山本眞理子・外山みどり・池上知子・遠藤由美・北村英哉・宮本聡介（2001）社会的認知ハンドブック．北大路書房．
- 【11】 杉山崇（2010b）第6章 記憶．In：福田由紀（編）心理学要論．培風館．
- 【12】 杉山崇（2007b）コメント1 ──基礎学探究の立場から．In：杉山崇・前田泰宏・坂本真士（編）これからの心理臨床．ナカニシヤ出版．
- 【13】 杉山崇・坂本真士（2001）被受容信念の概念化および測定尺度の作成とその抑うつ過程の検討．日本健康心理学会第14回大会発表論文集．
- 【14】 伊藤絵美（2008）事例で学ぶ認知行動療法．誠信書房．
- 【15】 中野敬子（2009）ケース概念化による認知行動療法・技法別ガイド．遠見書房．
- 【16】 坂本真士（1997）自己注目と抑うつの社会心理学．東京大学出版会．
- 【17】 Goleman, D.（1996）Emotional Intelligence : Why It Can Matter More Than IQ. Bantam Books.
- 【18】 木島伸彦（2010）クロニンジャーのパーソナリティ理論．In：坂本真士・杉山崇・伊藤絵美（編）臨床に活かす基礎心理学．東京大学出版会．
- 【19】 森田祥子（2005）乳幼児期の情動調整の発達に関する研究の概観と展望．東京大学大学院教育学研究科紀要 44 ; 181-189.
- 【20】 杉浦義典（2008）マインドフルネスにみる情動制御と心理的治療の研究の新方向性．感情心理学研究 16-2 ; 167-177.

コラム
基礎心理学と私

杉山　崇

● 「バブル」の崩壊から「心の時代」へ

　時はバブル経済が眩しいころ，大学生もビジネスチャンスを狙い起業する時代でした。私も社会科学系の学部に入学し，２回生のころにはベンチャー企業（後に移籍して金融系下請け産業）のバイト社員としてバブル経済の末端に入りました。当時の月給は私の心理職歴の初期数年間とほぼ同じ……。どちらが高いのか安いのかは，ご想像におまかせします。

　しかし，学部３年時にバブル経済が崩壊し日本経済における「失われた10年」が始まります。企業のリストラ，失業率の上昇，うつ病・自殺の増加，超少子・高齢化社会への不安……。私も学生でありながらリストラ（？）を経験しました。今思えば不思議な時代です。

　その一方で私は成人の知的障害者の施設でボランティア活動をしていました。彼らは社会的弱者と言われる立場で生活も簡素ですが，笑顔は天下一品です。知的に「優れた」ビジネスマンが都心で暗い顔をしている中で，この笑顔はとても美しく見えました。「暗い人にも，このような笑顔を！」。私の中でもバブル経済が終わり，「心の時代」が始まりました。バブルに取り残された学生に，大学院で臨床心理学を学ぶチャンスを下さった先生方，本当にありがとうございます！

● 臨床心理学と基礎心理学は別物？

　大学院に入学して，一つの疑問がうかびました。「科学者－実践家

モデル」でも，実験系の先生方も，「基礎（科学）を応用して臨床（実践）がある」とする中で，「臨床心理学は心理学とは始まりを異にする」とする臨床の先生が多いのです（故・村瀬孝雄先生には私の理解を超えた複雑なお話をいただき，15年かけて私なりに理解したことを『臨床に活かす基礎心理学』に紹介しました）。疑問に思いながらも，まずは「普通の臨床心理士」になろうと，人間性，力動的（ユング派も含む），グループ，など当時メジャーだったアプローチや心理検査法を学びました。さまざまなご縁に恵まれ，まずは発達障害児の臨床から現場に出て，医療，教育，産業，福祉など，今日まで広くわたり歩きました。領域が違えば，関わる他職種も違います。臨床の目的も異なっています。クライアントの年齢，職業，価値観，生活水準など生活背景も違っています。いつしか，心理職として「期待されていること」，「できること」，そして「心理職でなければできないこと」を考える習慣が身につきました。この答えを得るには，さらに2倍，3倍の経験が必要ですが，剰余変数をコントロールして臨床的現象（臨床的問題）という従属変数に影響する独立変数を見つけ出す「科学的な観察」がその一つだろう，と暫定的に考えています。要は「関与観察」と呼ばれるものです。前の事例編では逆に「臨床的現象に漂う」ことの意義も紹介していますが，受容・共感だけなら他職種も行います。心理職独自の関与観察（所見）が心理職の存在意義の一つなので，基礎心理学の観点の必要性は各現場で身に沁みて感じます。

コメント

前田泰宏

　杉山氏が構想する心理臨床の基礎学が，実際どのように臨床実践に活かされるのか，それを具体的に明示したのが今回の事例論文である。

　杉山氏は，心理臨床の実践を"より科学的に，より人間学的にする"ために，基礎心理学の実証的諸知見と異常心理学の諸理論や仮説を参照枠として活用することの意義を強調している（杉山論文の図2参照）。実際，本論文において，神経 - 生理・社会・パーソナリティ・認知・発達・行動・異常などの幅広い心理学領域の実証資料や仮説を駆使した，事例の多次元的理解と援助プロセスを提示し，その成果を報告している。本事例への杉山氏の取り組みは，従来の「学派主体の単一の理論仮説や教義に基づくアセスメント」+「学派特異的・画一的な治療的介入」という図式とは全く異なり，心理学的ケースフォーミュレーション（見立て）が，①クライアントのさまざまな"こころ"の側面の機能水準をより具体的に観察・把握することに役立ち，そして，②その機能水準に適合した治療態度の調整や諸種の臨床モデル・技法の有効な利用可能性を高めることを実証しているように思える。杉山氏の言葉を借りれば，上記①の部分が"より科学的に"，②の部分が"より人間学的に"，ということに対応するのかもしれない。

　しかし，上記①から②への移行もしくは連結は，そう単純にも簡

単にもいかないのが実際の臨床であろう。杉山氏が本事例で成果を上げることができた大きな理由の一つは,「被受容感研究」に代表されるような,治療関係要因重視の姿勢が基盤にあるからである,と筆者は思う。心理学に限らないが,理論的もしくは概念規定的な事例の見立ては,杉山氏のような"共感的資料の的確な活用への努力"を怠らない臨床家との治療関係の中で吟味・検証されて初めて,有効な治療態度の調整や諸種の臨床モデル・技法の適用に活かされていくのだろうと思う。本論文を読めば読むほどに,杉山氏の共感的センスの確かさ・豊かさを実感せざるを得なかった。加えて,杉山氏の臨床スタイルは,筆者が依拠する「共通要因アプローチ(統合・折衷的心理療法)」(概要は,ミラーら[2],前田[1]を参照)の治療観や基本姿勢と親和性が高く,非常に共感を覚えたことも付記しておきたい。

　いずれにせよ,杉山論文により,心理学的ケースフォーミュレーションが,"心理療法における共通治癒要因"として知られている「治療外要因」「治療関係要因」「プラセボ要因」の貢献を高めるための,さまざまな「モデル・技法要因」の活用を可能にすることがよく分かり,筆者にとって大変有意義であった。これからの心理臨床が,ミラーらが提唱したように,臨床過程における共通治癒要因の貢献に注目することで,理論モデルの違いを乗り越え,学派の壁を取り払い,研究者と臨床家が協働できる統合・折衷モデルの実現へと発展していくことを期待したい。

文　献

【1】 前田泰宏（2007）共通要因アプローチ．In：杉山崇・前田泰宏・坂本真士（編）これからの心理臨床――基礎心理学と統合・折衷的心理療法のコラボレーション．ナカニシヤ出版，pp.132-150.）

【2】 Miller, S.D., Duncan, B.L. and Hubble, M.A.（1997）Escape from Babel : Toward a Unifying Language for Psychotherapy Practice. W.W. Norton, New York.（曽我昌祺（監訳）（2000）心理療法・その基礎なるもの――混迷から抜け出すための有効要因．金剛出版．）

事例 4

パニック障害の援助における基礎心理学の活用
——外来森田療法を用いた事例から

松浦隆信

■基礎心理学に関わるキーワード

自己注目, 制御理論, 破局的認知, 回避, 嫌悪条件づけ, 学習理論, 強化 (負の強化), 損害回避, 自己効力感, 行動心理学, 学習心理学, 般化, レスポンデント条件づけ, 行動理論, 行動療法, 馴化, 系統的脱感作, 曝露, 動機づけ, ルール制御行動, 社会的強化, 認知的不協和

本論では, パニック障害を有するクライアントに対して, 筆者が主要な援助技法として用いている外来森田療法に基づく援助を実施した事例を呈示する。そして, 援助の流れの中でどのように基礎心理学を活用したかについて論じる。

I 森田療法と不安障害

森田療法とは, 森田正馬によって開発された不安障害(昔で言う神経症)に対する援助技法である[1]。森田療法の特徴的な点として, 入院という治療方法が用いられている点は有名な話である。しかし, 現在では入院施設も少なくなり, 森田が述べた不安発生の理論的背景を援用しつつ, 来談(外来)形式により援助を行なう「外来森田

療法」が主流となっている。

そこで事例の呈示に先立ち，参考文献[2] [3] [4]をもとに，森田理論に基づく不安障害の発生メカニズムおよび外来森田療法の概略を述べる。ただし，本論は森田療法の紹介が主目的ではないため，ここでは本論で呈示する事例の見立ておよび援助過程の理解を助ける範囲の説明にとどめる。入院・外来問わず森田療法に関してさらに詳細を知りたい方は参考文献[2] [3] [4]をご参照いただきたい。

1. 森田理論に基づく不安発生・固着のメカニズム

(1) とらわれ（悪循環）の機制

とらわれ（悪循環）の機制とは，端的に言えば，クライアントが不安症状を取り除こうと努力すればするほど不快感が増強し，かえって症状が悪化するという機制のことである。この機制はさらに大別すると「精神交互作用」「思想の矛盾」の2種類が存在する。前者は，身体不快感に対して注意が向きやすい神経質傾向のある者が，何らかのきっかけで身体の不快な変化に注意が向くと不安が高まり，ますます身体不快感が増すことを説明する概念である。この「身体不快感へ注意が向きやすい性格傾向」は「ヒポコンドリー性基調」と呼ばれることもある。また後者は，現在の不快な心身の状態で外界に適応し，生きていけるかを不安に思い（適応不安），そのさまざまな不快感を取り去ろうと「はからう」ために，かえって自己の不安にとらわれることを指す。

(2) 生の欲望と死の恐怖

　森田は，不安や恐怖にとらわれる者は，本来はよりよく生きたいという人間本来の欲求，すなわち「生の欲望」が強いこと，また反対に病気などの不快感や，ひいては死を恐れるなど「死の恐怖」も強いことを指摘した。そのため，不安にとらわれる者は，不安や恐怖を自分の望む生活を妨げる異物として認識しやすく，その感覚を取り去りたいと望む傾向が強い。このような傾向の強い者は，完全主義的な発想や理想と現実の乖離した状態に陥りやすく，上記の「精神交互作用」や「思想の矛盾」に陥りやすいと考えられている。

2. 森田療法の援助目標──「あるがまま」の態度の醸成

　森田療法では，「あるがまま」という言葉が代名詞的に用いられるが，その言葉の意図する点は高良[4]の説明を参考に記述すると以下の通りになる。

　第1には，症状や不安をやりくりせず，そのままにしておく姿勢である。つまり，これまでクライアントが取ってきた不安を操作しようとする対処法ではなく，生じた不安を受容する態度や自分に生じた感情を自覚する態度を促すのである。

　第2には，不安の背景に存在する「生の欲望」を，実生活において建設的な行動の形で発揮していくという意味である。これは，不安や恐怖などの心の状態はそのままに，クライアントが有するよりよく生きたいという欲望に即した生き方を「不安を持ったままでも」日常生活の中で実行に移していくことである。外来森田療法では，このような理論的背景を基盤として，不安に向いていた注意を

外界の事物へと転換を促し,「とらわれ」からの脱却を目指した介入が行なわれる。

Ⅱ　森田療法の今日的課題——実証化

　以上,外来森田療法の概略を説明した。しかし,森田療法に関しては実証化が十分に進んでおらず,なぜ森田が提唱した技法で不安が軽減するのか,その治療機序が見えにくい側面がある。また,森田が用いた種々の用語は,不安の「からくり」を森田独特の言い回しで的確に言い当てている面がある一方で,クライアントによっては言葉が難解にうつり,理解が容易に得られにくい場合がある。

　筆者は,これらの限界を克服するひとつの工夫として,不安発生および軽減のメカニズムを説明する実証化された基礎心理学理論を援用し,外来森田療法の中で活用する試みを行なっている。森田の述べた不安発生の機序については,ここ20年の国内外の心理学研究において,森田が述べたメカニズムと類似した概念の実証化が進んでいる。そこで次節では,不安障害ならびに本論で事例呈示を行なうパニック障害の病理と関連が深い基礎心理学の概念について述べる。

Ⅲ　基礎心理学と不安障害

　不安の発生に関連が深いとされている基礎心理学概念は,以下の通りである。

1. 自己注目

　不安の発生には，自らの心身に対する注意の向きやすさである**自己注目**が関連していることが実証されている[5]。この自己注目が高い者は，身体不快感や心臓の動悸など，自分にとって脅威と感じる刺激を検知しやすく，自らが理想とする安定した心身の状態との乖離を生み出しやすい。また，社会心理学で発展した（自己注目の）**制御理論**の中では，この理想と現実の乖離に注意が向くことによって，不安などの否定的感情が発現することが指摘されている[6]。このように，自己注目は「脅威刺激」「理想と現実の乖離」などを検知する機能があり，強い自己注目傾向は不安発生のハイリスク要因となっている。

2. 破局的認知

　破局的認知とは，自分に生じた動悸や身体の変化が，パニック発作の前兆であると破局的に誤解し不安が高まることを説明する，認知バイアスに関する概念である[7]。破局的認知は，不安を感じる場面を避けようとする傾向に拍車をかけ，回避行動が強化されるきっかけを作る。

3. 回避

　一旦不安が形成されると，**嫌悪条件づけ**などの**学習理論**で説明可能なように，不安が惹起される場面を回避する。それにより不安を感じずに済むため，回避行動はより**強化（負の強化）**される。この回避は，嫌悪条件づけなどにより獲得されるほか，**損害回避**と呼ば

れる，危険や新奇刺激を避けやすい気質的な側面も影響していることが知られている。

4. 自己効力感

自己効力感は，バンデューラにより提唱された，特定場面に対してどの程度適切に振る舞うことができるかという見通しや，行為遂行の確信度を示す心理学概念である[8]。自己効力感の低さは，不安の発生全般に関連していると言われている。

以上に挙げた心理的変数は相互に影響しあい，最終的には不安の悪循環が形成される。特に，パニック障害の悪循環に関してはデイビッド・M・クラークが提唱したモデルが広く知られている[7]。また，不安の悪循環が形成・維持されるメカニズムに関しては，**行動心理学（学習心理学）**における**般化**や**レスポンデント条件づけ**などにより説明が可能であろう。

実際の援助においては，**行動理論**を基盤とした**行動療法**が用いられ，不安に対する**馴化**を促すために，**系統的脱感作**や**曝露療法**などが活用されている。その他，不安に関連する認知を修正するための認知療法や，自己注目の軽減をねらいとする注意トレーニング（Attention Training）[9]などの技法が活用されている。

Ⅳ 森田理論と基礎心理学概念の照合

以上の論をもとに，森田理論と基礎心理学概念の照合を試みた（図

```
                    ┌─────────────────────┐
                    │ 森田:ヒポコンドリー性基調 │ ← 注意バイアス
                    │ 基礎:自己注目           │
                    └─────────────────────┘
                              ⇧
    ┌──────────┐         ┌──────────────────┐
    │ 森田:はからい │ ⇦  • ⇨ │ 森田:思想の矛盾      │
    │ 基礎:損害回避 │         │ 基礎:破局的認知・自己効力感 │
    └──────────┘         └──────────────────┘
                              ⇩        理想と現実の乖離
  回避行動    森田  } 不安           認知
             基礎
                        ┌──────────────────┐
                        │ 森田:精神交互作用    │
                        │ 基礎:不安悪循環モデル │
                        └──────────────────┘
```

┌──────────────相違──────────────┐
│   森田   基礎   │
│ 生の欲望と死の恐怖   ?   │
│ 不安の受容   不安の軽減   │
│ 生の欲望に即した   注意トレーニング │
│ 行動への注意転換   │
└──────────────────────────────┘

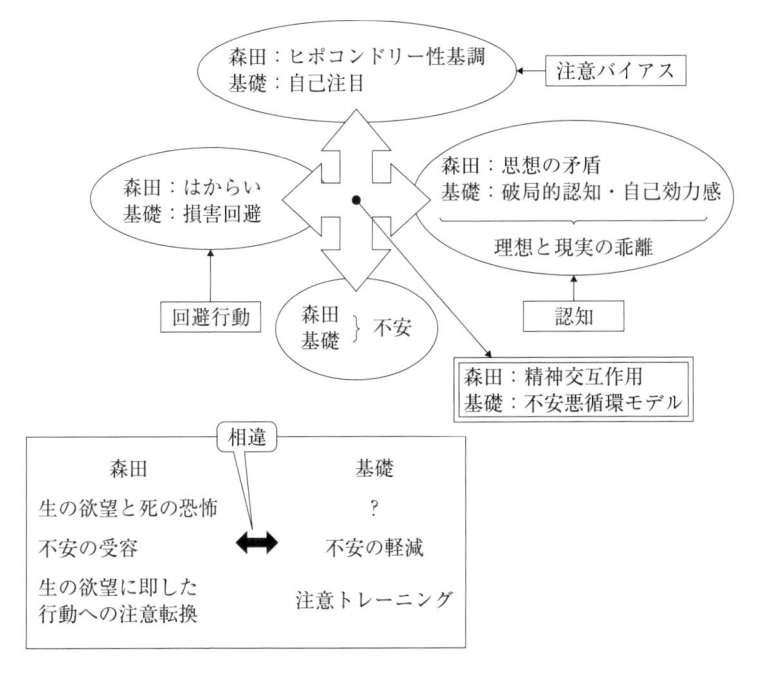

図1　森田理論と基礎心理学概念の照合

1)。両者の概念を整理すると,不安の発生はどちらの理論から検討した場合でも「注意バイアス」「認知」「回避行動」という要素や,それらが相互に影響しあい,悪循環が形成されて症状が維持・固着すると考える点など,類似点が多いことがわかる。

たとえば,「自己注目」も「ヒポコンドリー性基調」も,自分に生じる心身の不快感に注意が向かうことで不安が高まることを説明しており,両者は類似した概念であると考えられる。基礎心理学に

おける「自己効力感」「破局的認知」と森田療法における「思想の矛盾」は，概念としての類似性は低いが，共にこれらの認知により「理想と現実の乖離」を生み出すことが不安を発生させると考えている点は共通している。「回避」については，森田理論の中では「はからい」という言葉で，「不安を感じる場面を避けようとさまざまな試みを行なうこと」と説明がなされており，学習心理学における回避のメカニズムと近い内容の説明がなされている。

　一方で，「生の欲望と死の恐怖」の概念や，不安を受容することで不安へのとらわれが軽減されるメカニズムなどに関しては，基礎心理学の概念では未だ十分に説明しきれない部分もある。また基礎心理学では，不安はある変数の結果として生じるものと考えており，したがって臨床的にも注意や認知，行動などの変数操作によって不安を軽減することが重視されている。しかし，森田療法では不安を人が抱く自然な感情として受容することが重要であると考えるため，不安の軽減を意図した介入は行なわない。さらに，自己に向かう注意を軽減する方法としても，森田療法では注意トレーニング[9]のように純粋に注意を操作するのではなく，自分にとってやりがいや意義のある活動，つまり生の欲望に即した活動に向けることを重視している。このように，基礎心理学概念と森田理論においてはいくつかの部分で相違も見られる。

　次節では，実際に外来森田療法を用いた事例を呈示しつつ，基礎心理学の概念をどのような形で活用したかを，実際の援助の流れに即して記載していく。

```
①心理アセスメント
(不安の悪循環・とらわれの把握)
      ↓
②心理教育
(不安発生メカニズム・治療目標の伝達)
      ↓
③援助前期――行動の促し
(不安場面への曝露・生の欲望に基づく建設的行動の促進)
      ↓
④援助中期――行動や生活パターンの見直し
(過度の完全主義・強迫的思考・気分本位の生活などの洞察と修正)
      ↓
⑤援助後期――介入結果の評価
(建設的行動の獲得・苦痛の軽快・自己受容)
```

図2 外来森田療法における援助の流れ
(市川 (2008),中村ほか (2009) を参照の上作成)

V 事例呈示

はじめに,外来森田療法の援助プロセスについて,文献 [2] [3] を参照し図示する(図2)。ここで示した援助プロセスに含まれる心理教育や不安場面への曝露,行動や生活パターンの見直しなどは,たとえば認知行動療法など,他の学派に基づく援助の際にも用いられる。しかし,前節でも述べたが,森田療法では不安の軽減や不安に関連する認知の修正などは主目的ではなく,不安は人間が抱く自

然な感情であるとの前提に立ち，生じた不安を受容し，不安を抱えたまま建設的な人生を歩むための行動ができるように支援を行なうことが最終的な援助目標となる。この点は他の学派の援助目標と若干異なる部分であるため，ご留意いただきたい。

1. 事例の概略

事例

20代前半，女性，Dさん

主訴

大学通学の電車に普通に乗りたい。

現病歴

大学に進学したX-2年4月より，大学通学の電車内でめまいと心臓の動悸が生じる。驚いたDさんはその日学校に通えず，途中帰宅した。その後一般内科を受診したが，身体所見に異常はなく，心理的問題が疑われたため，心療内科クリニックを受診した。医師の診断はパニック障害であった。医師の依頼により，筆者による心理療法が開始された。面接は計12回，面接ペースは3週から1カ月に1回であった。

2. 援助の流れ

（1）心理アセスメント

援助に先立ち，本事例のパニック障害の背景要因をアセスメントした。聞き取りの結果，今回の心臓の動悸に限らず，幼少期から体調の変化に過敏に反応する傾向をDさん自身も自覚しており，身

体不快感に注意がとらわれやすい傾向が見られた。この点は森田の言うヒポコンドリー性基調，基礎心理学の文脈では自己注目（自分に対する注意の向きやすさ）傾向の強さが窺えた。また，心臓の動悸をパニック発作の前兆と予測するなど，破局的認知も認められた。さらにDさんは，小学校高学年から人前で緊張しやすく，人前での発表などに対して自信が持てないことに悩むなど，不安場面に対する自己効力感（その場で適切に振る舞えるという見通しや確信の度合い）の低さが見られた。その上Dさんは高校生の頃から，一定時間抜け出すことができない集会や校外学習等を苦手としており，これらのイベントは数回に一回は欠席をしていた。Dさんは元来から行ったことのない場所や知らない人と会うことを苦手としており，このような不安を感じる場面にはできるだけ行かないようにしてきたという話も聞かれた。このように，Dさんは新奇刺激に対する過敏性が高く，パーソナリティ心理学においてクロニンジャーが提唱した損害回避（新奇場面を避ける傾向）の強さも見られた。森田療法では，その時々の必要性に応じて行動を決めず（「事実本位」の態度），その時の気分で行動を決める態度を「気分本位」の態度として戒めているが，そのような態度が顕著であった。

これらの点から，Dさんは今回の心臓動悸をきっかけに自分の不快感に注意が向かい，それを排除しようとますますとらわれが生じ，その結果として強い不安を覚えるとともに不安場面を回避するという悪循環（精神交互作用）に陥っており，そのことがパニック障害の発症に繋がったものと判断された。

一方で，Dさんは将来海外で仕事をすることを熱望しており，そ

のために現在の症状を一日も早く治したいと望んでいた。森田療法ではDさんの内省力や来談動機の高さが援助の継続に重要と考えているが，その意味でDさんは森田が言う「生の欲望」が強く，また回復への**動機づけ**は高いものと判断された。

以上の点から，本事例は典型的なパニック障害の病理を有しており，セラピストは外来森田療法に基づく心理療法が適用可能であると判断した。

(2) 心理教育

以上のアセスメント結果に基づき，セラピストはDさんに対して不安が生じるメカニズムに関する心理教育を実施した。心理教育では，森田理論とともに森田の説明概念と類似した前述の基礎心理学概念を援用し，自己注目や回避から生じる不安へのとらわれ（悪循環）が不安を維持させていることをDさんに伝えた。その際，これらの概念のほか，行動心理学のレスポンデント条件づけなどの概念も援用し詳細な説明を行なった。Dさんはこれらの説明に自分の症状がよく当てはまるとのことで，納得を持って受け入れることができた様子であった。

また，不安の緩和には森田療法で重視する「不安を持ったまま日常行動を継続する」態度，つまり不安を抱えたまま不安場面へ曝露することが必要であることを伝えた。また，あえて不安場面に身を曝すことが不安の緩和に繋がる具体的なメカニズムは，学習心理学で言われる馴化や系統的脱感作の概念を援用して説明を行なった。

セラピストは，これら一連の心理教育において，**ルール制御行動**

（治療的変化などの強化刺激が得られる条件となる，ルールに基づく行動）の必要性を伝えつつ，極力明るく前向きにメッセージを伝えるよう心がけた。これらの説明を受けたDさんは，「自分の症状が理由なく生じているのではないことがよくわかって安心した」「治療については不安だけど必要ならがんばってやっていきます」と述べており，心理教育が奏功したことが窺えた。

セラピストは心理教育の最後にDさんに対して，日々の生活行動を簡単に日記に記載することを求めた。森田療法における日記記載は，Dさんの日常生活における不安に対する対処行動の把握のほか，日記を書くことによるDさんの自己内省，自己洞察の促進を意図している。

(3) 援助初期——行動の促し

セラピストは，心理教育後の面接数回にわたりDさんに対して，不安を感じながらでも構わないので極力大学への通学を継続するように促した。Dさんは電車の乗車時間だけでなく，授業中，サークル活動など種々の状況を不安に思い，時には授業を欠席するなどをしていたが，セラピストはできるだけ出席するように働きかけた。Dさんはセラピストの提案を不安に思う気持ちがあったものの，心理教育の結果，それが不安の緩和に必要なことだと腑に落ちており，何とかがんばって授業には参加し続けた。

その結果，援助開始後数カ月を経たのち，授業への参加は継続できるようになっていった。この点についてDさんからは「不安はないわけではありません。でも何とかなっていて不思議です」とい

うコメントが日記に記載される機会が増えた。セラピストはこれらの記述から，不安を受容する態度が徐々に形成されていることを感じた。

またDさんは上記の体験を経ていく中で，徐々に大学生活を「楽しむ」ことに取り組みたいと考え出した。具体的には，サークルへの参加である。もともと美術が好きであったDさんは，早速美術関係のサークルを見学したいとのことであった。この変化を受けセラピストは，徐々にDさんの「生の欲望」，つまり森田療法で言う不安の裏に潜むよりよく生きたい自然の欲求が高まっていることを感じた。

さらにセラピストは，この外的対象に対する興味関心の高まりを，不安感に対する自己注目の軽減，森田理論でいう悪循環の緩和に活用することを考えた。具体的には「あなたに生じている自然な欲求に沿っていろいろと活動してみるといいですね。そして，その活動中はその活動に一生懸命打ち込んでみてはいかがでしょうか」と伝え，動機づけの高まりに即した建設的な行動を促しながら，注意をその活動に向けるように配慮を行なった。Dさんは「好きなことをしていると気持ちがすっきりしてくるし，不安があまり頭に上らなくなるので，興味のあることは他にもやってみようと思います」と話していた。

なおセラピストは，Dさんが不安を持ちながらも実行に移せた行動に対しては，賞賛などの**社会的強化**を与え，治療に向けた動機づけや来談意欲の維持・向上に努めた。

（4）援助中期——行動パターンの洞察と修正

　援助開始から数カ月が経過した頃には，Dさんは通学中の電車に関しては普通電車であれば特に問題なく利用できるようになっていた。また，見学していた美術系サークルにも入会し，サークル活動にも打ち込めるようになっていった。しかし，ここでひとつ問題が生じた。Dさんはサークル活動に打ち込むことはできていたが，活動自体を徐々に「不安を治すための義務」として捉えるようになり，治療のために美術に打ち込む，といった態度が出てきた。日記の記載についても，「書かなければ治らない」との思いから，書き忘れの日もなく，毎日ノート1ページ分を全て埋めるなど，やや柔軟性を欠いた行動パターンが見られた。また，他の部員が約束時間に遅刻したり，作業に取り組まない様子を目にすると気になってイライラが募り，部員らに注意をしすぎるため，周囲から煙たがられる傾向が現れてきた。さらにこの時期のDさんは，活動に打ち込みすぎるあまりに過労による身体疲労も著しく，その疲労感に注意が向かい，かえって不安が悪化するという状態に陥っていた。そのため，援助が全体として停滞気味になり，治療の行き詰まりが生じた。このように，外来森田療法を進めていくと，クライアントの不適応を生み出す過去の行動パターンが浮き彫りになり，そのことで援助が行き詰るという治療的危機が生じる。この治療的危機をいかに乗り切るかが，外来森田療法における重要なポイントとされている。

　セラピストは上記に見られた行動パターンについてDさんに尋ねると，「もともと，こうすべき，という思いは強いほうで，自分にも人にも厳しくなりがちです」という返答があった。セラピスト

は，このような強迫的な行動パターンを，**認知的不協和**という観点から理解した。つまり「人は時間をしっかり守るべき」「作業はしっかりとこなすべき」という思いがDさんは強いが，実際には部員の時間管理はルーズであったり，自分の体が疲れているという不協和がDさんの中で生じ，心理的葛藤が生まれてストレスに陥っているものと理解した。この点をDさんの言動や日記の記述からさらに検討を進めると，Dさんの両親，特に父親が幼少期から現在もしつけに厳しく，たとえば門限が現在も設定されているといった管理を受けていることがわかった。セラピストは，このような父親との関係性によって認知的不協和が生じやすくなり，物事への取り組みが喜びや楽しみではなく「義務感」としてなされてしまう傾向を強めているとアセスメントした。

そこでセラピストは，これまで培ってきた行動パターンによってDさんが認知的不協和に陥っており，そのことにより治療にも行き詰まりが生じている可能性を率直にDさんに伝えた。そしてセラピストは，Dさんに対して部活に限らず自分が行なっている活動に価値や楽しみを見出せているか，また本当に自分がしたいことは何かを内省し，自分が存分に楽しめる活動に取り組むこと，またその時の体の感覚を把握し，疲れたりしていたら素直に休むことなども必要ではないだろうかと示唆した。この支援の基盤には，森田療法でいうところの「感情の自覚と受容を促す」[3]こと，つまり自分自身を「あるがまま」に受容し，「かくあるべし」という思いを緩めることや，「生の欲望」を建設的な形で発揮することの重要性を念頭に置いた。この支援に対してDさんは「物事というのは親や

先生から提示されたものをこなすことに意味があると思っていました。自分がその活動に楽しみを持っているかどうか、考えたことはなかったので、果たして美術が本当に自分のしたいことなのか、考えてみます」と返答した。

　数回の面接を経た後、Dさんから「いろいろと考えてみましたが、やっぱり自分は美術が好きだと気がつきました。他のメンバーが遅刻したり時間を守らないでいても、自分が絵を描いている時間を大切に過ごしてみようと思って、描画に注意を向けていたら、だんだん周りの子が何をしていても気にならなくなっていきました」との報告が得られた。この様子から、Dさんは自分の感情の動きを鋭敏に捉え、そこで生じた感情を否定することなく受容できるようになってきた様子が窺え、セラピストは治療的危機を乗り越えられたと判断した。

(5) 援助終期——介入結果の評価

　これまでの支援を通じ、Dさんは自身が持っていた強迫的思考とそれが形成された背景を自覚することができた。また、そのような思考パターンが、「かくあるべし」という理想と「かくある」という現実の乖離を生み出し、その狭間で不安が増強されるという悪循環に陥っていたという洞察も得ることができた。これらの洞察を踏まえ、Dさんは生活を自分の楽しみを軸に構築していくこと、また時に自分のがんばりすぎるクセが出た際に「ほどほどに」活動を制限する方法を身に付けていった。また、Dさんがもともと有していた不安になりやすい傾向については、たとえば定期テストなど

の節目にはその都度生じるものの,「不安になるのは自分の持ち味」と,不安を異常視せず受容する態度が身に付いている様子が見られた。それに従い,脅威刺激に対する自己注目や破局的認知も緩和され,不安にとらわれて行動ができなくなることもなくなったうえ,自分の興味ある対象に注意を集中できるように変化していた。さらにDさんは,これまで言いなりになっていた父親に対しても時に反発し,自分の意見や思いを主張するように変化し,自立意識の芽生えが確実に進んでいると判断された。このような変化の中で,主訴であった電車通学中のパニック発作は自然と消失し,急行電車への乗車も可能となっていた。

以上の変化を踏まえ,セラピストとDさんは主訴が改善されたと判断し,援助の終結に合意した。

VI おわりに

以上,外来森田療法の実施に際して基礎心理学を活用した流れについて述べた。

不安にとらわれたクライアントに対して不安場面への曝露を促すことは,クライアントにとって脅威を覚える出来事である。しかし,基礎心理学という実証化された理論を交えた心理教育は,クライアントの治療的取り組みの下支えとなり,心理療法の期待を高める効果があった。また,セラピスト(筆者)も,森田理論に加えて基礎心理学の概念を念頭に置くことで,それらの心理的変数の治療的変化を随時把握しながら援助を進めることが可能となるなど,アセス

メントツールとして，また援助の方向性を定める指針として，セラピスト自身の心の支えになった。

　一方で，不安を抱えながら「生の欲望」に沿った形で建設的な行動を行なうことによって，不安からの「とらわれ」が軽減するという森田療法の治療メカニズムは，基礎心理学の文脈では説明が難しい面も見られた。たとえば，上記の援助過程において，クライアントは不安の受容が進むとともに脅威刺激への注意集中や破局的認知が緩和されたことを述べた。この変化については，「不安の受容」という要素によって，自己注目を単純に外的対象に転換させるだけでは得られない，これまでの基礎的知見では述べられていない何らかの影響があったと思われる。しかし，そのプロセスの適切な説明になりうる心理学概念を現時点では見つけることはできなかった。

　以上のように，基礎心理学と臨床実践では，両者の共通項とともに相違も明確となる面があった。この相違に関しては，言い換えれば，臨床的知見に基づいた場合にまだ実証化（＝研究）の余地が残されている部分が発見されたとも言えるため，決してマイナスなことではないであろう。今後，このような「照合」や「対話」を深めることで，逆に臨床と基礎心理学双方の「個性」や「独自性」が浮かび上がり，お互いの領域への示唆を提供できるきっかけが得られるなど，より心理学全体が発展する方向性に向かう一歩に繋がると考えられる。

文　献

- 【1】 森田正馬［高良武久ほか（編）］(1974, 1975) 森田正馬全集 第1〜7巻. 白揚社.
- 【2】 市川光洋 (2008) 外来森田療法——神経症の短期集中治療. 白揚社.
- 【3】 中村敬ほか (2009) 外来森田療法のガイドライン. 日本森田療法学会雑誌 20 ; 91-103.
- 【4】 高良武久 (1969) 森田療法のすすめ——ノイローゼ克服法. 白揚社.
- 【5】 Mor, N. and Winquist, J.（2002）Self-focused attention and negative affect : A meta-analysis. Psychological Bulletin 128 ; 638-662.
- 【6】 坂本真士・杉山崇・伊藤絵美［編］(2010) 臨床に活かす基礎心理学. 東京大学出版会.
- 【7】 陳峻雯 (2006) パニック障害の認知行動療法. In：坂野雄二・丹野義彦・杉浦義典（編）不安障害の臨床心理学. 東京大学出版会.
- 【8】 坂野雄二・前田基成（編）(2002) セルフ・エフィカシーの臨床心理学. 北大路書房.
- 【9】 Wells, A. and Matthews, G.（1994）Attention and Emotion : A Clinical Perspective. Hove : Lawrence Erlbaum Associates.（箱田裕司・津田彰・丹野義彦（監訳）(2002) 心理臨床の認知心理学——感情障害の認知モデル. 培風館.）

コラム
基礎心理学と私

松浦隆信

●基礎心理学とは疎遠──修士時代

　私は臨床心理士の養成大学院に籍を置いていましたが，その頃の私はあくまで臨床心理学とはクライアントとの関わり方を学ぶ学問であると考え，基礎心理学を学ぶ必要性について全く考えが及んでいませんでした。いくら勉強しても，臨床実践と基礎心理学の接点が見出せるような感じを持てず，私の中で基礎心理学は「疎遠」と言っていいくらいの距離感があったと思います。

●技法の勉強に傾倒──修了後数年

　私は修士課程を修了後，医療現場の心理士として勤務することになりました。現場に出ると，否応なく悩みを抱え，そこから脱したいと願う多くのクライアントと向き合うようになります。その結果私は「何とかクライアントのお役に立たなければ」と思い，大学院時代以上に「臨床技法を習得しなければ」という思いに駆られました。そのため，現場を出てから数年間はさまざまな技法を学びにいろいろな研修会に参加しました。その時期の私は修士時代同様，「より良い援助を行なうために基礎心理学を学ぼう！」という発想は全く持っていませんでした。

●自分は何をしているのか？──実践における不安

　現場で数年間悪戦苦闘しているうちに，ある程度はクライアント

のお役に立てたかもしれない,と感じられる経験もできはじめました。しかし,私の中からは新たな不安が湧いてきました。それは「自分の行なった援助で,一体クライアントの中で何が変化して援助が奏功したのだろうか？」という「分からなさ」に対する不安です。加えて,クライアントや他職種のスタッフに自分の仕事の意味や有用性を説明する必要がある際,その「語る言葉」が不足していることに気がつきました。心の病理に関するメカニズムや臨床心理士の仕事内容を説明する際,実践を通じた経験則からだけではなく,これまで明らかになっている知見（＝先行研究）を押さえ,基礎心理学の知識も援用しないと,心理学を知らない方々に説得力のある説明ができなかったからです。そこで,私はこの頃から改めて基礎心理学系の書籍や研究論文を読みはじめるようになりました。すると,それまで無関連だと思っていた基礎心理学の知識に実践とリンクする面があることに気がつきはじめました。同時に「自分の実践を実証化できたら,より語る言葉に厚みが増すのでは」という思いを持ちはじめました。

●「心の支え」としての基礎心理学——現在

このような思いを経て,私は博士課程への進学を決意し,臨床と研究の二足のわらじを履くことにしました。臨床的立場から研究を行なうと,十分な理論的根拠に基づかない感覚的な主張をしてしまうなど,研究で求められる論理性との狭間で苦労もあります。しかし,臨床と研究の両立によって新たな視点や発想が得られる喜びは大きいものです。「基礎心理学が自分の仕事を底上げしてくれる」,今はそんな思いを持ちながら基礎心理学と日々向き合っています。

コメント

北西憲二

　現代の森田療法は大きな転換期を迎えている。今まで森田療法といえば入院森田療法を指し，その伝統的治療方法では，言語的対話よりも体験，行動が重視された。したがってクライアントの訴えを取り上げないという不問技法が森田療法の中核的技法である，と考えられてきた。それに対して1990年代から，外来森田療法が次第に行われるようになり，そこでは不問技法よりも言語的対話が重視され，そこで初めて多くの西欧で開発された心理療法との比較が可能になった。

　森田療法は1910年代後半に創始されたものであり，その用語はしばしば難解で，伝達可能性に欠けることもたしかである。一方この心理療法は，東洋的人間理解（老荘思想，仏教，特に大乗仏教）と深く関係し，それゆえ西欧で用いられている心理学の諸概念で森田療法の理論，人間理解のすべてをそのまま置き換えることはできない。

　森田療法はすでに行動療法，認知行動療法，精神分析的精神療法との比較研究が行われているが，基礎心理学に基づいて森田療法を理解しようという試みは今までなされなかった。そして森田理論には基礎心理学の諸概念とある部分では共通性が見いだせることも興味あることである。現代のクライアントにとってこのような読み替え作業が，森田療法を受け入れやすくするであろうことは本事例で

も示されている。

　筆者も，外来森田療法を行う上で，短期精神療法，家族療法，精神分析的精神療法，認知行動療法などを学び，必要に応じて取り入れており，それが外来森田療法をさらに洗練化することができたと考えている。

　松浦氏の試みは森田療法の理論を基礎心理学と照合することで，その特徴を明確にし，さらに洗練化していける可能性を示したものと理解できる。

　この事例の介入は，外来森田療法に基づいた典型的なもので，その回復プロセスも多くの森田療法家にとってなじみあるものである。さらに2，3のコメントを付け加えておきたいと思う。

　1つは，治療の導入から初期段階で，悪循環を取り出し，それをクライアントと共有し，その打破を目指すのであるが，この指摘は，クライアントにとって，しばしば目から鱗が落ちる経験となる。つまり症状を取り除こうとすればするほど，悪循環に陥り，苦悩は増すからである。それに気づくとともに，クライアントにとって取り組むべき課題が明確となり，希望が見えてくる。この希望が治療への動機づけを高め，クライアントの無力感を軽減していく。

　また森田療法家は，この部分が基礎心理学の概念と対応しづらい点であるが，常にクライアントの生の欲望（生きる欲望）に注意を払い，それを照らしだし，それを日常生活場面で発揮するように援助する。

　つまり森田療法では，一方では不安を受け容れることを促し，他方では行動を通して生の欲望の発揮に働きかけるのである。つまり

「受容モデル」と「行動モデル」は必ず対となり,クライアントの変化を援助する。

　また森田療法では治療のプロセスが進むに従い,悪循環(症状をめぐって)という"部分"から,自己のあり方をめぐって,という"全体"への治療の焦点が移っていくことも重要な点であろう。

　このような事象について基礎心理学からの照合が行われ,確認されていくことは,外来森田療法の発展に寄与するものと考えられる。

事例 5

失調感情障害のクライアントと実施した認知行動療法

伊藤絵美

■基礎心理学に関わるキーワード

認知行動療法（CBT），認知心理学，行動心理学，社会心理学，コーピング，日常認知研究，問題解決，協同問題解決，外在化（外化），創造的問題解決，注意資源，メタ認知，モチベーション，自己注目，ストレス心理学，正の強化，消去，原因帰属，随伴性，曝露，馴化，自己開示，自己開示の返報性，神経－生理心理学，扁桃体，前頭前野，ソーシャルサポート

I 事例の概要

失調感情障害と診断されて来談した 40 代前半の男性（E さん）と実施した**認知行動療法**（Cognitive Behavioral Therapy：以下 **CBT**）の事例を紹介する。

E さんは某地方都市に生まれ，自営業の父親，専業主婦の母親に育てられた。同胞は兄と姉がそれぞれ 1 名ずつである。インテーク面接で聞いた話によると，E さんは，家庭では厳格な父親に常に叱られ，学校では常にいじめの対象となり，つらい幼少期，思春期を送ったとのことである。留年しながら何とか大学を卒業し，就職

するも職場でいじめに遭い，1年経たずに退職し，その後はひきこもりに近い生活を続けている。30代半ばより，父親が都内に所有するマンションで一人暮らしをしている。また30代後半に入って，自宅でウェブ関係の仕事を始め，CBT開始当初は，実家からの仕送りとウェブの仕事による収入で暮らしていた。「今思えば中学生の頃から"うつ"だったと思う」とのことだが，精神科には20代半ばから通院し，服薬を続けている。一時的に状態が悪化して入院したことが何度かあるという話であった。Eさんは診断名にはあまりこだわりがないようで，自分の抱えるつらさについては一貫して"うつ"と呼んでいた。

　筆者はCBT専門の民間カウンセリング機関を運営しているが，Eさんは，X年6月，姉に強く勧められて当機関に来所し，インテーク面接を受けた。当時Eさんは精神科病院を退院したばかりで，退院後の生活の立て直しに苦労しており，カウンセリングやCBTにさほど興味はないが，生活リズムを取り戻すための手助けは欲しいとのことで，「うつによって生活リズムが崩れがちである」という主訴をターゲットにCBTを開始することが合意された。CBTについては主治医の許可を取り，紹介状をいただいたが，傷病名の欄には「失調感情障害」とあり，抗精神病薬が処方されていることが記載されていた。紹介状にはまた，Eさんが幻覚（幻聴，体感幻覚）や妄想を体験することがあること，特に対人関係において被害的になりやすいことが記されていた。

　CBTの経過の概要は，まず第1段階として二度寝の問題を扱い，

アセスメントから問題の解消に至るまで約20回のセッションを半年ほどかけて実施した。次に新たな訴えとして出てきた「声（悪口）が聞こえる」という体験に焦点を当てることにして，こちらはアセスメントから対処法の構築に至るまで，さらに約20回のセッションを1年ほどかけて行った。これらの取り組みを通じて，Eさんの"うつ"はだいぶ改善し，ときどき調子を崩しながらも自分で上手に対処しながら日常生活を営めるようになり，またほぼ断絶に近かった家族関係もある程度改善された。CBTは完全には終結にせず，フォローアップセッションが今でも続けられている。

　以下にまず，CBTについて簡単に紹介する。次に本事例の具体的内容を示し，そこに基礎心理学がどのように活用されたのか，解説を加えていく。

II　認知行動療法とは──理論と方法

　認知行動療法（CBT）とは，「ストレスの問題を"認知"と"行動"の側面から自己改善するための考え方と方法の総称」であり，そもそもの基礎理論として**認知心理学**，**行動心理学**，**社会心理学**などが重視されているので，その意味ではCBTそれ自体を基礎心理学の「ふだん使い」と捉えることができる [1] [2]。CBTでは，クライアントの抱える問題や症状を，図1に示すような基本モデルに沿って，その悪循環のメカニズムを理解し，その上で**コーピング**（意図的対処）の可能な認知と行動に焦点を絞って，戦略的に認知的コーピングおよび行動的コーピングを図り，効果を検証していく。

- 125 -

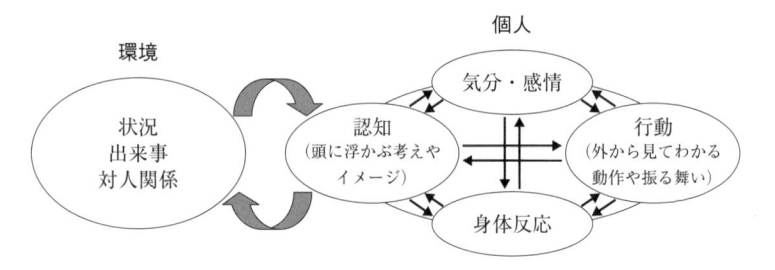

図1　認知行動療法の基本モデル

　この基本モデルは，環境における諸情報を人間の認知が処理し，それが気分・感情や身体反応，そしてその人の行動と影響を与え合い，また人のそれらの反応が環境にフィードバックされる様を示しており，本モデルの背景には認知心理学における**日常認知研究**がある。日常認知研究とは，人間の認知を単体として見るのではなく，環境との相互作用や，感情や行動との相互作用の中で全体的かつシステマティックに捉えていこうとする研究領域で，実験室ではなく現実の日常生活の中で生きる人間の認知の有り様を記述することを目的としている[3]。

　CBTでは，図1の基本モデルを用いて，クライアントの抱える問題や症状を具体的に理解し（アセスメント），それらの問題や症状を解消するための具体的な目標を設定する。そのうえで目標を達成するための諸技法を選択し，クライアントにそれらの技法を実践してもらう。実践の結果，問題や症状がどのように変化したか，基本モデルを用いて効果検証を行い，効果が出ていれば，その効果を維持したり拡大したりするための計画を立て，効果が出ていなけれ

ば，再びアセスメントに立ち返って戦略を練り直す。このように CBT の進め方は非常に問題解決的であり，セラピストとクライアントはチームを作って，協同して**問題解決**にあたる。その際，認知心理学における問題解決に関わる基礎研究が非常に参考になる（たとえば，「問題解決の下位過程は『問題の理解』と『解決策の探索』という2つに分けられ，必ず前者が後者に先立っている必要がある」という基礎理論[4]は，すぐに解決策に走ろうとしがちなクライアントに対し，いかにアセスメントが重要かということを伝える際の根拠になる。あるいは，「**協同問題解決**」といった新たな研究テーマも，セラピストとクライアントのチーム作りやチーム運営に際して，役立てることができる[5]）。

また CBT では，アセスメントの内容を始め，セッションで話し合ったり合意したりしたことは，すべて種々のツール類に書き出し，手にとって眺められるようにする。それを筆者は「**外在化**」と呼んでいるが，これは認知心理学で言われる「**外化**」に該当する。認知心理学では**創造的問題解決**において，この外化の作業が有効に機能することが実証的に確認されている（たとえば外在化＝外化を行うことで，**注意資源**が節約されたり，**メタ認知**機能が強化されたりする。また外化によって問題空間を捉え直し，新たな視点を獲得しやすくなる，など[6]）。

このように CBT は主に認知心理学とのインターフェースが多く見られるが，実際の臨床では認知心理学に限らず，種々の基礎心理学の理論を組み込むことが可能である。以下，事例を通じて，CBT における基礎心理学のふだん使いについて具体的に示したい。

Ⅲ　事例の提示

1．アセスメントと目標設定

　Eさんは以前にも何度かカウンセリングを受けたことがあるが（全て姉の勧めによる），それが奏功しなかったこともあり，今回やはり姉に勧められてCBTのインテーク面接を受けに来たものの，「過去や対人関係の話はしんどいからしたくない」と言っていた。筆者＝セラピストはCBTについて心理教育するとともに，したくない話はする必要がないこと，Eさんが現実的に困っている問題があればそれに焦点を当てて進めていくことができることを伝えたところ，退院後，生活リズムがなかなか立て直せないことが現在の悩みであると話し，結果的に「うつによって生活リズムが崩れがちである」ということを主訴としてCBTを開始することが合意された。なおEさんが「話したくない」と言った過去や対人関係については，インテーク面接で概要は聞いており，家族歴や生活歴においてEさんがかなりつらい体験を重ねてきていることは前述の通りである。CBTは「問題の理解（アセスメントと目標設定）」「解決策の探索（技法の選択と実践，効果検証）」という問題解決アプローチに基づいて段階的に進めること，したがって即効性はなく，それなりの回数（平均20〜30回）と期間（1年前後）がかかることを伝えると，Eさんは驚いていたが，「とにかくもう二度と入院したくない。そのためには生活リズムを整えるように主治医に言われてい

る。生活リズムを整えるには二度寝をしないことが大事。そのためだったらしょうがない」と言って，**モチベーション**があまり高くないままに，CBTを開始することとなった。セッション中，Eさんはオドオドした様子を見せ，セラピストと目が合うことも少なく，疎通性があまりよくないように感じられた。

　初回から約10回のセッションをかけて，Eさんの「二度寝問題」をアセスメントした。アセスメントの作業を行いつつ，EさんにCBTの基本モデル（図1）に慣れてもらい，基本モデルに沿って自分の体験を自己観察する練習も同時に行ってもらった。前述の通り，アセスメントの内容はすべてツールに外在化して，客観的に眺められるようにした。図2はEさんの典型的な二度寝の有り様を外在化したアセスメントシートである。

　図2のアセスメントシートには，Eさんが生活リズムを整えるため，きちんと朝の7時に起きようとしているにもかかわらず（例：目覚まし時計をセットしている。「カーテン開けなきゃ」と思い，いったん起き上がってカーテンを開ける），身体的な眠さやだるさに**自己注目**してしまい，「まずい。またやっちゃいそうだ」と思いつつ，ベッドに戻りそのまま二度寝をし，起きたら昼を過ぎていて，そういう自分に対して自己嫌悪を感じたり，二度寝したことに対して落ち込んだり，こういうことが続いて再入院する羽目に陥ることに恐怖を感じたりして，結局夕方まで何もできずじまいでいる，という悪循環が外在化されている。セラピストとEさんはいくつかの二度寝のエピソードをこのようにアセスメントし，Eさんの二度寝のパターンを明確化していった。そしてこのような悪循環から脱け出

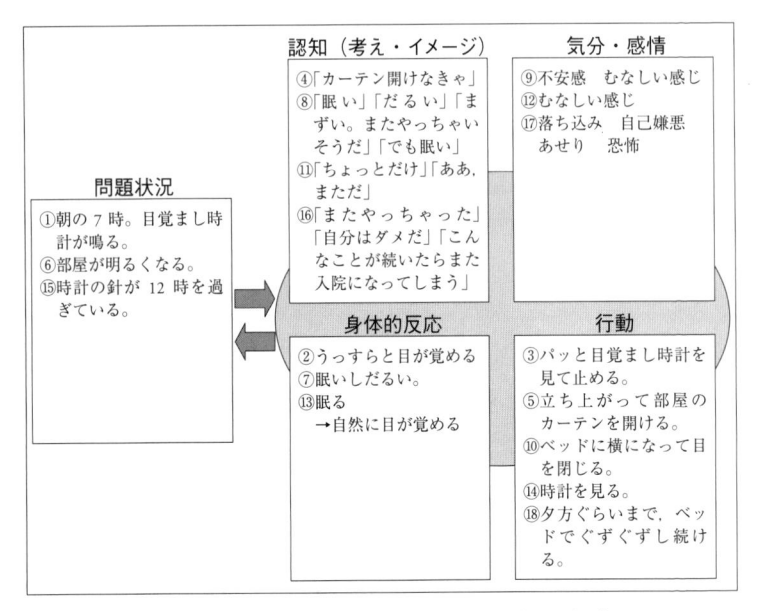

```
┌─────────────────────────────────┬───────────────────────────────┬──────────────────────┐
│                                 │  認知(考え・イメージ)          │  気分・感情          │
│                                 │ ④「カーテン開けなきゃ」         │ ⑨不安感 むなしい感じ │
│                                 │ ⑧「眠い」「だるい」「ま        │ ⑫むなしい感じ        │
│         問題状況                │  ずい。またやっちゃい          │ ⑰落ち込み 自己嫌悪  │
│                                 │  そうだ」「でも眠い」          │  あせり 恐怖         │
│ ①朝の7時。目覚まし時           │ ⑪「ちょっとだけ」「ああ,       │                      │
│  計が鳴る。                     │  まだ」                        │                      │
│ ⑥部屋が明るくなる。             │ ⑯「またやっちゃった」          │                      │
│ ⑮時計の針が12時を過             │ 「自分はダメだ」「こん         │                      │
│  ぎている。                     │  なことが続いたらまた          │                      │
│                                 │  入院になってしまう」          │                      │
│                                 ├───────────────────────────────┼──────────────────────┤
│                                 │  身体的反応                    │  行動                │
│                                 │ ②うっすらと目が覚める          │ ③パッと目覚まし時計を│
│                                 │ ⑦眠いしだるい。                │  見て止める。        │
│                                 │ ⑬眠る                          │ ⑤立ち上がって部屋の │
│                                 │  →自然に目が覚める             │  カーテンを開ける。  │
│                                 │                                │ ⑩ベッドに横になって目│
│                                 │                                │  を閉じる。          │
│                                 │                                │ ⑭時計を見る。        │
│                                 │                                │ ⑱夕方ぐらいまで,ベッ│
│                                 │                                │  ドでぐずぐずし続け  │
│                                 │                                │  る。                │
└─────────────────────────────────┴───────────────────────────────┴──────────────────────┘
```

図2 アセスメントシート(伊藤(2005)を改訂)

すために,次のような目標を設定した。

CBTにおける具体的な目標

①7時に目覚まし時計が鳴ったとき,たとえ眠かったりだるかったりしても,自分が7時に起きることを明確に意識し,起床して活動する方向へと自分の気持ちを持っていけるようになる。

②7時に目覚まし時計が鳴ったら,身体をベッドから起こし,その後二度とベッドに戻らず,必要な活動が続けてできるようになる。

どちらかというと①が認知的な目標，②が行動的な目標であるが，どちらも「二度寝せずに7時に起きられるようになる」という上位目標を達成するための下位目標である。このように大きな目標を具体的な下位目標に絞り込んでいく作業も，認知心理学によって明らかにされた標準的な問題解決の手順に沿っている。また自らの意志で対処が可能な認知と行動に絞って目標を立てるというのは，**ストレス心理学**のコーピング理論にも則っている[8]。

なお，Eさんは，CBTのモデルに沿った自己観察およびアセスメントの練習を繰り返すうちに，自分自身の認知やそれに関連する反応をリアルタイムに捉えられるようになり，「自分の考えがここまで自分の行動に影響を与えているとは今まで知らなかった」「7時に起きるのを阻止する自動思考（自動的に頭に浮かぶせりふのような認知のこと）が自分の中に勝手に出てきて，それに負けてしまうと二度寝してしまうことがわかった」というように，自らの体験を前より客観的に捉えられるようになっていった。それに伴い，自らの「二度寝問題」に主体的に取り組もうとするEさんの言動が徐々に増えていった（例：「自分の中に出てくる自動思考なのだから，それは自分で何とかするしかない」「自動思考に負けないように自分が何か工夫できれば何とかなるのではないか」）。これは自己観察やアセスメント，およびそれらの外在化という作業を通して，Eさんのメタ認知機能（自分の認知を自分でモニターしたりコントロールしたりする機能）が強化されたためであると考えられる。メタ認知機能は，認知心理学の諸研究によって，人間の適応や問題解決にとって非常に重要な機能であることが確かめられている。

2.「二度寝問題」に対する問題解決法の実践

　セラピストは上記①②の目標を達成するために,「問題解決法」というCBTの技法を提案し, Eさんも了承した。問題解決法とは, 以下の手順から成る技法で, 認知心理学の問題解決研究がその基礎理論となっている[2]。

問題解決法の手順
　①問題を具体的に定義する（大問題は小問題に分ける／できるだけ具体的に表現する／問題の多様な側面を把握し外在化する）。
　②現実的に達成可能な目標イメージを同定する。
　③目標を達成するための具体的な手段を案出する。
　④上記③の手段をそれぞれ評価し, 取捨選択したものを組み合わせて, 実行計画を立てる。
　⑤計画を実行し, 効果を検証する。

　セラピストは問題解決の理論および上記の問題解決の手順をEさんに説明し, 二度寝の問題に対する問題解決法を一緒に実施した。その結果, 次のような実行計画が設定されるに至った。

二度寝の問題に対する問題解決法による実行計画
　①前の晩に目覚まし時計を7時にセットして, 居間のテーブルの上に置く。
　②7時に目覚まし時計が鳴る。

③寝床から居間に行き目覚まし時計を止める。
④「眠たいけど,このまま起きてしまおう」と声に出して自分に言う。
⑤そのまま居間のカーテンを開ける。
⑥台所に行ってやかんに水を入れ,お湯を沸かし始める。
⑦「お湯を沸かしたら,もう起きるしかない」と声に出して自分に言う。
⑧寝室に戻ってカーテンを開ける。
⑨パジャマを全部脱いで,普段着に着替える。
⑩台所に戻って朝食の準備をする(パン,野菜,ハムなど)。お湯が沸いたらコーヒーをいれる。
⑪台所で立ったままコーヒーを1杯飲む。
⑫洗面所に行って顔を洗ってひげを剃り,必要であればトイレに行く。
⑬台所に戻って朝食の準備の続きをして,コーヒーのお代わりも作って,でき上がったら居間に持っていく。
⑭「いただきます」と声に出して言って,朝食をゆっくりと味わって食べる。
⑮食べ終わったら「ごちそうさま」と声に出して言って,食器を台所に下げる。
⑯NHKの朝の連続ドラマを見る。
⑰クイックルワイパーで台所,リビングの床をざっと掃除しながら,午前中することを考えて,それを実行する(候補:仕事をする,洗濯する,掃除をする,植物に水をやる,買い物に行く,

テレビで大リーグを観る，録画してあったサッカーの番組を観る，ネットで検索する，ソファで横になって休む）。
⑱ 12時になったら，二度寝をせずに活動できた自分に対して，「今日もよくやった」と声をかけ，ごほうびとして用意しておいたアイスクリームを1つ食べる。

　Eさんとセラピストはまさに「協同問題解決」という感じで，互いにアイディアを出し合い，上記の計画を一緒に立てていった。最初はなかなかアイディアが出なかったEさんだったが，セラピストが気楽にポンポンと妙なアイディアを出すうちに，緊張が緩んだのか，いろいろな案を出せるようになった。硬かった表情も和らぎ，ときおり笑顔を見せるようになった。またセラピストから行動心理学における「**正の強化**」の概念を伝え，問題解決法を通じて二度寝をせずにいられるようになることや，それに伴うポジティブな気分も正の強化になるが，さらに何か正の強化の計画を立てておきたいか尋ねたところ，「ごほうびとしてアイスクリームを食べる」というアイディアを出してくれたので，それを⑱として追記した。Eさんはそのことについて「これまでは二度寝をした自分を責めるばかりだったし，二度寝をしないなんて当然のことだから，そのことをほめるなんて思ってもみなかった。でも確かに二度寝をしないという目標が達成できれば，そのことで自分をほめてみてもいいのかなとも思う」と話してくれた。

　上記の計画を立てた翌朝から，Eさんは計画を毎日実施した。逆にこれにはセラピストが驚いてしまったが，Eさんはその後一度も

二度寝をすることがないまま，朝7時に起きて活動することができている。

3.「声が聞こえる」との訴えへの対応

　姉に強く勧められて来談したEさんのCBTに対するモチベーションは決して高くはなかったが，上記の通り問題解決法の計画を立てていた頃から少しずつ笑顔が見られるようになり，問題解決法を実施して二度寝問題が起きなくなった頃には，だいぶセラピストに対して打ち解けた様子を示すようになっていた。このような変化はおそらく，Eさんにとって切実な問題であった「二度寝問題」が，問題解決法を通じて実際に解決したことによる影響が大きいと思われる。当初CBTに対して懐疑的な様子を示していたEさんであったが，実際に問題が解決されたことによってCBTに対する信頼感が高まり，さらにそのような心理療法を提供しているセラピストに対してもある程度信頼感を抱いてくれるようになったのであろう。

　その頃からEさんは，「隣の家の住人が自分に悪口を言ってくる」「上の階の夫婦が僕のことを嫌いで，わざと子どもに大声をあげさせている」など，被害的な体験（おそらく病的な体験）をしているであろうと思しき発言を時おりするようになった。主治医にそのことを話すと，「幻聴だ」ということで片付けられてしまう，しかしそれらの声ははっきり聞こえてくるものであり，幻聴のはずがないとのことだった。そこで二度寝問題に対する問題解決法が一段落したところで，対人関係におけるそのようなストレス体験をCBTで扱いたいか尋ねたところ，Eさんは「そういうことがあると胸と心

がぎゅーっと痛くなって，普通に生活することがすごく難しくなる。助けてほしい」と言ってきた。それが非常に真剣で切実な様子で，Eさんがこれらの体験に日々苦しめられているのがセラピストにもよく伝わってきた。そこで「聞こえてくる声」に対してCBTを再び実施することが合意された。

まず二度寝問題と同様にCBTの基本モデルに基づき「聞こえてくる声」について自己観察とアセスメントを行った。するとそれまでは「幻聴である」という可能性を一切否定していたEさんだったが，「よくよく観察すると声が事実なのかよくわからなくなってきた」「幻聴でないと言い切れないが，これほどはっきりと聞こえる声が幻聴であるとも思えない」と，声が事実なのか幻聴なのかをめぐって判断が揺れるようになった。話し合いの結果，「事実と幻聴の両方の可能性がある」とみなすことにして，いずれにせよ声が聞こえるとそれにとらわれてしまい，日常生活が乱れるので，声が聞こえたときのコーピング（意図的な対処法）を一緒に考え，それらをコーピングシートに書き出すことにした。

図3が数セッションかけて作り上げた「聞こえてくる声」に対するコーピングシートである。下段の左側に認知的コーピング，右側に行動的コーピングが外在化されている。1番目の認知的コーピング「幻聴かもしれないし，そうじゃないかもしれない。本当のところはわからない。だったら声にとらわれて具合が悪くなるのは自分が損だから放っておこう」というのは，自己観察とアセスメントを通じて，Eさん自身が気づいた事実である。このような気づきからも，Eさんのメタ認知機能が向上していることがうかがえる。2番

予測される問題状況	予測される自分の反応
自宅にいるときやマンションを出入りするときに，自分のことを悪く言ったり実況中継したりする声が聞こえる	声にとらわれる→恐怖，不安，パニック，怒り，悶々と考える，胸と心が痛む→具合が悪くなる，何もできなくなる，外出しない

認知的コーピング	行動的コーピング
「幻聴かもしれないし，そうじゃないかもしれない。本当のところはわからない。だったら声にとらわれて具合が悪くなるのは自分が損だから放っておこう」 「仮に僕の悪口だとしたら，その人は暇を持て余していて人の悪口を言うぐらいしかできない心の狭い人だから相手にする必要はない。反応しないで消去すればいい」	・何事もなかったかのようにふるまう（曝露）。 ・そのときにしていることをそのまま続ける（曝露）。 ・そのときにしようと思っていること，そのときにする必要のあることをそのまま実行する（曝露）。 ・胸と心の痛みはそのまま感じ，消えていくのを待つ（曝露）。

図3 コーピングシート（伊藤（2008）を改訂）

目の「仮に僕の悪口だとしたら，その人は暇を持て余していて人の悪口を言うぐらいしかできない心の狭い人だから相手にする必要はない。反応しないで**消去**すればいい」は，セラピストの心理教育を通じて作った文言である。セラピストはまず認知心理学および社会心理学における「**原因帰属**」という概念を紹介し，「仮に声が事実だとしたら」という仮説のもとで，Eさんに対する悪口の原因につ

いて一緒に検討した。するとEさんは「自分は一人で静かに暮らしているだけで、悪口を言われるような悪いことは何もしていない」ことに気づき、むしろ悪口が真実であれば、それは悪口を言う側の問題であるという結論に至った。また行動心理学の「消去」の概念を伝えたところ、この概念がいたく気に入ったようで、「確かに自分が気にすればするほど、悪口を言われるような気がする」「子どもの喧嘩と同じで、相手にすればするほど相手は面白がって自分に手を出そうとするのかもしれない」「自分が反応しなければ相手はつまらなくなって言わなくなるかもしれない」と言い、手帳にも大きく「消去」とメモを取っていた。前述の「二度寝をしなかったらアイスクリーム」という「正の強化」もそうだが、Eさんは**随伴性**に関する心理教育に非常によく反応し、即座に取り込むことができるようであった。

　これらの認知的コーピングに基づき、声が聞こえたときの行動的コーピングも一緒に検討したが、ここではセラピストがさらに心理教育を行って**曝露**（ネガティブな現象であっても、それにとらわれず、そのままにしておく）の概念を伝え、Eさんも「もしかしたら幻聴かもしれないし、たとえ声が本当だとしても、自分は何も悪いことはしていないのだから、堂々としていればいい」と納得し、とにかく最初は「ふり」でもよいから声に振り回されないで、自分のやりたいこと・やるべきことを続けることにした。また「声が聞こえると胸と心がぎゅーっとして苦しい。これはどうすればよいか」と質問があったので、残念ながらその苦しさをすぐになくすことはできないが、これにも「曝露」することができること、胸や心の痛

みも一時はとても苦しいかもしれないが，曝露しているうちに徐々におさまること，曝露を続けるうちに胸と心の痛みのピークが少しずつ和らいでいく可能性が高いこと，つまり**馴化**について伝えた。するとEさんも「当分は仕方がないんですね」と受け入れ，結局行動的なコーピングはすべて「曝露」に関わるものになった。

　なお，Eさんが「胸と心がぎゅーっとして苦しい」と言ったときのその言い方や表情やジェスチャー（胸の辺りを押さえる）は，本当に苦しそうで，その苦しさがセラピストにまでそのまま伝わってくるような感じがした。セラピストはEさんが感じているであろう苦しさに十分な共感的理解を示し，そのうえで曝露を提案した。セラピストが胸の苦しさに対して心からの共感を示したところ，Eさんがどっと安堵したような反応を示したのが強く印象に残っている（あくまでも印象に過ぎないが）。おそらくそのような共感的理解がなければ，Eさんは曝露に同意してくれることはなかったであろうと思われる。

　コーピングシートは何枚かコピーし，Eさんはそれを手帳にはさんだり，トイレや台所に貼ったりして，声が聞こえたらすぐに実行できるように備えた。それでも最初は声が聞こえるとどうしてもそれにとらわれてしまい，なかなかコーピングシート通りにはいかないことが続いたが，セッションで毎回，コーピングシートの内容を一緒に確認し，その実行を宿題にするということを1年ほど続けたところ，Eさんは消去や曝露の効果が実感できるようになっていった。その後も特に体調が悪いとどうしても声が聞こえる頻度が高まり，それが事実（実際の悪口）としか思えなくなってしまうことも

あったが，とにかく「このコーピングシートでしのぐ」という対処を一貫して行うことによって，声によって生活や調子がひどく乱れるようなことはほとんどなくなっていった。

4．家族との関わりの変化

　Eさんはこのように，生活リズムを整えたり「聞こえてくる声」への対処法を身につけたりすることを通じて，心身ともにまずまず安定した生活を送ることができるようになった。Eさんによると，以前は80％から100％ぐらいの強さだった"うつ"が，普段は20％ぐらい，調子が悪くても50％ぐらいまででおさまるようになったとのことである。その後もEさんの希望によりフォローアップセッションが2カ月に1度のペースで続けられている。状態が安定してからのEさんは，父親を除く家族（母親，兄，姉）と以前よりずっと頻繁に会ったり連絡を取ったりするようになり，また近所のコンビニの店長と挨拶をする程度ではあるが顔なじみになり，それに伴って孤独感がだいぶ軽減されていった。

Ⅳ　本事例における「基礎心理学の臨床的ふだん使い」

　CBTでは問題解決的なアプローチを基本とし，さらに認知と行動を中心とした基本モデルを使うので，認知心理学と行動心理学がその背景にあるのは当然であり，そのふだん使いの有り様は，すでに事例を紹介する中で具体的に紹介した。ここでは本事例における

他の「基礎心理学の臨床的ふだん使い」について補足しておきたい。

　先述の通りCBTではセラピストとクライアントがチームを組んで問題解決にあたるため、良好なチーム作りが不可欠である。その際、認知心理学の協同問題解決というテーマが役に立つが、他にも社会心理学の対人関係に関わるさまざまな理論や概念も活用できるだろう。たとえば、他のアプローチと比べてCBTではセラピストが戦略的に**自己開示**することがよくあり（本事例でもセラピストはかなり自己開示を行っている）、そのことがよりよいチーム作りに役立つと思われる。これなどは社会心理学の**自己開示の返報性**の理論を適用することが可能であろう。

　Eさんを最も悩ませていた「聞こえてくる声」に対するコーピングシートを用いた対処は、**神経－生理心理学**でいうところの、「**扁桃体**の機能異常に対する**前頭前野**機能の調整」とみなすことができるだろう[10]。おそらくEさんには生物的にも心理社会的にもある種の脆弱性が形成されており、それが精神病的な症状をもたらしていると思われる。したがってそれらの症状そのものを完全に取り除くことは難しく、それらの症状は扁桃体システムを通じてほぼ自動的に発生するのだが、Eさんは CBT でのさまざまな試みを通じて、前頭前野側から扁桃体システムを調整できるようになったと考えられる。

　本事例では、孤立した生活を送っていたEさんが最終的に家族のサポートを得られるようになったことも大きい。一度Eさんとも確認したことがあったが、Eさんの**ソーシャルサポート**として挙

げられたのは，母親，兄，姉，近所のコンビニの店長，主治医，セラピスト（筆者）の6名であった。決して多くはないが，CBT開始当初のソーシャルサポートが姉だけであったことを思うと，大きな改善である。Eさんの現在の安定は，CBTの効果とソーシャルサポートの増加の相互作用によるものと考えてよいだろう（もちろんその源にEさん自身の人間性や努力があることは言うまでもない）。

文　献

【1】 Beck, A.T.（1991）Cognitive therapy as the integrative therapy. Journal of Psychotherapy Integration 1 ; 191-198.
【2】 伊藤絵美（2008）問題解決療法と認知心理学. In：小谷津孝明・小川俊樹・丹野義彦（編）臨床認知心理学．東京大学出版会．
【3】 井上毅・佐藤浩一（2002）日常認知の心理学．北大路書房．
【4】 安西祐一郎（1985）問題解決の心理学．中央公論社．
【5】 植田一博・岡田猛（2000）協同の知を探る——創造的コラボレーションの認知科学．共立出版．
【6】 山崎治・三輪和久（2002）図を用いた問題解決．教育システム情報学会誌 19 ; 38-45.
【7】 伊藤絵美（2005）認知療法・認知行動療法カウンセリング——初級ワークショップ．星和書店．
【8】 小杉正太郎（2002）ストレスの心理学——個人差のプロセスとコーピング．川島書店．
【9】 伊藤絵美（2008）事例で学ぶ認知行動療法．誠信書房．
【10】 大平英樹（2010）神経－生理心理学とは何か．In：坂本真士・杉山崇・伊藤絵美（編）臨床に活かす基礎心理学．東京大学出版会．

コラム
基礎心理学と私

伊藤絵美

●少女マンガは「嘘」だった!?

　私は某芸術大学の入試に失敗し,「音楽の道に進みたい」という将来設計を変更しなければならないという状態で慶應義塾大学の文学部に入学しました。というのも当時（今も？）同大学の文学部は1年時に学科と専攻を決める必要がなく, 1年間, 自分が大学で何を学ぶか検討する猶予期間があったからです。そこでたまたま一般教養で心理学を取ったのですが, 今振り返ると運がよかったことに, 心理学の担当は知覚心理学を専門とする先生でした。

　それまで私は, 人間の知覚というのは, 外界の物理的世界がそのまま反映されたものであると単純に思っていました。しかしそうではなく, 人間は外界に積極的にかかわり, そのかかわりの中で, 外界の有り様を自らの心的世界に主体的に構築していく存在だということを, 授業を通じて知ることができました。特に強烈だったのは「開眼手術」についての講義でした。私が幼かった頃, 生まれつき盲目の少女が開眼手術を受けて, グルグル巻きの包帯を両眼からほどいた瞬間に,「見えたわ！」と叫び, 世界の美しさに見とれ, 鏡を見て自分が美しい少女であったことを知る, という少女マンガがやたらと流行っていました。ところが, 開眼手術をしたばかりの人の「見え」は, 私たちのそれとは異なり, 手術後数々の体験を積むことで, 新たな「見え」を徐々に獲得していくということを授業で教わったことによって, 私が長年慣れ親しんだ数々のマンガが「嘘」だったことを知ったのです。それ

と同時に，外界の世界と人間の心的世界の相互作用に深く関心を抱くようになり，心理学を専攻することに決めました。

●人間の認知の豊かな世界

私は認知心理学のゼミに入りました。ゼミでは，普通の人間の認知の多様性や豊かさについて学びました。心理臨床の世界では，認知を「意図的な言語的思考」に限定してとらえることが少なくありませんが，認知心理学の領域で扱っている認知は，無意識的思考も含みますし，記憶やイメージも含みます。また特に日常認知研究という新たな分野は，感情，身体，行動，外的環境と認知との相互作用を，実験室ではなく日常生活という生態学的妥当性の高い文脈で見ていこうという研究領域ですが，そこで明らかにされたのは，普通に日常生活を生きる人間の認知のメカニズムが実によくできているという事実です。

その後，私は基礎から臨床の道に進みましたが，いつでも中心にあるのはこのこと，すなわち「普通の人間が十分に素晴らしい」という認知心理学的真実です。現場で臨床をやっていて自分の立ち位置がわからなくなったとき，何を目指すべきか座標軸を見失いかけたとき，必ず参照するのが，認知心理学を始めとした基礎心理学において普通の人間がどのように記述されているか，ということです。そしてひとまずはそのような「普通の人間」を念頭に置きながらクライアントと協同作業をすればよいのだ，という当たり前のことを確認して，ホッと安堵するのです。

コメント

石垣琢麿

　読者に第一に強調したいのは，本事例のように，統合失調症およびその類縁障害に対してもCBTを実践してよいという，きわめて単純な事実である。もちろん，統合失調症に関する専門的知識は必要であり，気分障害や不安障害とは異なるセッティングも必要である。しかし，本事例からもわかるように，CBTの基本的技法や基礎心理学の知識は統合失調症にも十分利用可能である。

　ここでは本事例に対するセラピストのアプローチから検討したい。セラピストとして重要な項目は次の3点にまとめられる。まず，幻聴に関して「話し合いの結果」，「事実と幻聴の両方の可能性がある」とみなすことにしたという点である。幻聴や妄想などのいわゆる陽性症状に対しては「触れない方が良い」という臨床態度が精神科では現在も一般的であろう。しかしセラピストは，CBTの協同的実証主義の理念に基づいて，幻聴であっても本人の苦痛が日常的に強ければ話し合いの対象とすることを躊躇しない。こうした率直な態度は，ある程度の自己開示とともに，かえってクライアントから好意をもって受け入れられることが多く，治療へのモチベーションを明らかに上げる。また，長年にわたる異常体験は，いかに常識からはずれていても，本人にとっては日常化・親和化していることが多い。ここに，統合失調症のCBTが合理主義一辺倒ではうまくいかない理由がある。ファウラーら[1]が言うところの「妄想の範囲

内で働きかける」という一種の構成主義的アプローチが重要であり，本事例のように幻聴の存在も認めつつ認知修正やストレスコーピングを検討する柔軟な態度がセラピストに強く求められる。2点目は，被害妄想的信念によって「胸がぎゅーっとして苦しくなる」というクライアントの苦悩に心からの共感を示すことができた点である。幻聴や妄想自体は，ヤスパースの言うように「了解不能」かもしれない。しかし，そうした体験は強い苦痛を伴うに違いないという，人間としての感受性がなければ統合失調症への心理療法は成り立たない。3点目は，「二度寝問題」という行動に焦点化したアプローチを最初に取った点である。統合失調症では，セラピストの目が華々しい陽性症状にどうしても向きがちだが，認知機能や社会的機能が低下すればするほど認知的側面にアプローチすることが難しくなり，場合によっては治療抵抗につながってしまう。行動的側面へのアプローチといういわば「外堀を埋める」作業が，建設的な治療関係を構築し，「本丸」の症状にアプローチするために重要なのである。

最後に，基礎心理学の援用について多少付け加えたい。本事例では扱われていないが，妄想と推論バイアスの関係は心理学研究によって実証されている。推論バイアスとは，たとえば，「結論への飛躍（jump to conclusion）」「自己奉仕バイアス（self-serving bias）」などを指し[2]，認知心理学実験によって明らかにされてきた思考の偏りのことである。これらの知識を心理教育によって定着させると，再発予防にきわめて効果的だと考えられている。また，統合失調症に対しては，認知神経心理学の知識やそれに基づいたアセスメントも重要である。本事例でも「扁桃体－前頭前野」システムについて

言及されているが，フリースやヘムズレイのモデル[2]なども心理教育に利用できる。アセスメントの結果は，社会的活動への再参加を促す治療計画に役立つであろう。

文　献

[1] Fowler, D., Garety, P. and Kuipers, E.（1995）Cognitive Behaviour Therapy for Psychosis. Wiley & Sons.（石垣琢麿・丹野義彦（監訳）（2011）統合失調症を理解し支援するための認知行動療法．金剛出版．）

[2] Garety, P. and Hemsley, D.（1994）Delusions : Investigations into the Psychology of Delusional Reasoning. Oxford University Press.（丹野義彦（監訳）（2006）妄想はどのようにして立ち上がるか．ミネルヴァ書房．）

事例 6　大うつ病のクライアントへの認知行動療法を用いた援助

森本幸子

■基礎心理学に関わるキーワード

認知行動療法，認知モデル（情報処理モデル），協同的問題解決，認知心理学，問題解決，外在化（図解化，外化），自己注目理論，ストレスコーピング，思考抑制

本稿では，**認知行動療法**を用いて行った大うつ病のクライアントへの援助の事例を用いて，基礎心理学をどのように活用しているのかについて述べたい。なお，認知行動療法については，事例5に詳しく説明されているので，そちらを参照してほしい。

I　事例の概略

事例

30代女性，Fさん

家族

公務員で共働きの両親，妹，父方の祖母の5人家族

現病歴

地元の大学を卒業後，すぐに地元の中小企業に就職し働き始める。

しかし，仕事が忙しいうえに，中小企業のために用事があっても残業を断ることが難しく，就職後半年間は帰宅時間も遅く，週末でも職場に呼び出される生活が続いた。体力的に限界を感じる状況の中でミスが続き，同僚の前で上司からひどく叱責されてしまう。それ以来，不眠や食欲不振が始まり，とうとう自宅のベッドから起き上がることができなくなってしまった。家族が付き添って受診したところ，大うつ病との診断を受ける。その後は自宅療養中に希死念慮が強くなり入院となる。入院後は1～2カ月で退院するが，退院後に復職しても1～2年たつと同様の症状が出現し，大うつ病が再発するということを，これまでに4回繰り返している。なお，4回目の再発を機に会社は退職した。

Ⅱ 認知行動療法の導入

1. 認知行動療法開始までの流れとその枠組み

筆者（以下，セラピスト）が勤務する総合病院の精神科外来では，次の流れで認知行動療法が導入される。まず担当医より，受け持ちの患者の中から認知行動療法の適用が可能であると思われるケースが臨床心理士に紹介される。臨床心理士が個別にインテーク面接を行い，提供している認知行動療法の枠組みや内容についての説明を行う。そして，継続面接開始の合意が得られた場合に認知行動療法を開始する。なお，認知行動療法の枠組としては，1セッションを45～50分とし，これを週1回，最大24週まで実施することとし

ている。

2. 本事例に認知行動療法を導入した経緯

　事例のFさんは、4回目の入院中に自ら担当医に薬物療法だけではない別の治療も行ってほしいと訴えて、担当医から認知行動療法を勧められたという経緯がある。ちなみにFさんは、担当医から認知行動療法についての簡単な説明を受けた時点では、認知行動療法はネガティブな考え方をポジティブに変える「洗脳」のようなものだと思っていたとのことであった。

Ⅲ　面接過程

1. インテーク面接

　インテーク面接では、これまでの経過を簡単にお聞きした後に、主訴の確認をした。Fさんによると、「自分をダメ人間だと思ってしまい、いろいろと考えているうちに、家族の厄介者の自分は死んだほうがいいのではないかと思いつめるようになる。人と話すときにも自信がなく、おびえてしまう」とのことであった。本人が話す通り、声が小さく、セラピストの顔色をうかがいながら話しているような印象を受けた。一方で、話される内容は、こちらの問いかけとは無関係なことが多く、自分のネガティブな感情について長々と話し続けるという話し方が印象的であった。

　主訴を確認した後に、認知行動療法について「認知行動療法では、

認知モデルに沿ってFさんの困っている状況について一緒に調べていきます。そして何が困った状況をたびたび引き起こすのか，悪いパターンを維持させるものは何なのかを見つけたら，今度は悪いパターンを断ち切るために何ができるのかについて一緒に話し合いながら進めていきます。このように私たちは一緒に問題を解決していくためのチームを組みます。そして最終的には，Fさん自身が自分の問題を見つけ，解決できるようになることを目標にします」と説明した。

　インテーク面接時における認知行動療法の説明では，認知行動療法が**認知モデル（情報処理モデル）**に基づいてアセスメントから目標設定，介入と順番に進んでいくことと，**協同的問題解決**を行うことを強調するようにしている[1]。協同的問題解決は主に**認知心理学**領域で研究が進められている。これらの研究では，数人で協力しながら**問題解決**を行う場合に重要なのは，個々の成員の共通理解であることが報告されている。お互いに何がどこまでわかっているのか，何がわからないのか，どのような目的のもとにどのような作業を行っているのかという共通理解が問題解決には必ず必要であり，この共通理解こそが，自分も話し合いの展開についていっているという効力感や，自分も仲間とともに同じ課題に向かい合っているという仲間意識，そして自分も他者と共に存在しているというつながり感覚などの感覚を派生させる土台になっていると考えられている[1]。

　認知行動療法について説明するとFさんは，「自分の考え方をどうにかしたいと思っていたので，認知行動療法で良くなればいいと思います。認知行動療法を通じて，自分を肯定的に見ることができ

るようになればいいです」と，それまでのおどおどした感じから雰囲気が変わり，認知行動療法への期待をうかがうことができた。治療開始について合意が得られたため，認知行動療法を開始することとした。

2. アセスメントとカウンセリングの目標設定

認知行動療法を行う中で，1回目と2回目のセッションでこれまでのうつ病の経過について確認した。3回目のセッション以降は，Fさんが頭の中で自分を責める考えに圧倒され，身動きが取れなくなるという内容を何度も話していたため，自分を批判する考えに焦点を当ててアセスメントを行った。

アセスメントの中でわかったことは，どんな些細なきっかけさえもとらえて自分を批判する考えに一日中責められているということであった。たとえば，ぼんやりテレビを観ているときに，「不景気」という単語が聞こえてきた途端，「不景気なのに何もしないで家にいる自分は，みんなの厄介者だ。食べさせるだけでもお金がかかるのに，家族の役に立たないことばかりしている」という自分を責める考えが浮かんできて圧倒されてしまうとのことであった。一事が万事このような調子であり，とくに夕食後に自分の部屋へ戻り寝る準備をしてベッドに横たわったときに，このような考えに襲われると話す。ベッドで横になると何の脈絡もなくいろいろなことを考え始める。最初はどうでもいいことを考えているのに，次第にその内容が，「いい歳して会社をクビになって実家で養ってもらっている自分はみんなのお荷物だ。早くこの状況を何とかしたいけど，どう

したらいいのか？ 友達はみな結婚したり出産したりしている。自分には何もない。仕事まで失ってしまい，この先再就職できなければもう生きている価値がない」と絶望的な内容へ変化し，落ち込んで眠れなくなる。その結果，翌日は昼まで寝ていることになってしまう。そして昼ごろに家族に起こされて，「そんな生活しているから病気になるのよ」と言われると，「やはり自分は生きている価値がない。もう死ぬしかない」と思ってしまう，というような悪循環のパターンに陥っていることがわかった。話を聞きながら，セラピストとFさんは起こっている出来事を図にまとめてみた（図1）。

このように認知行動療法では，図を用いたり文章を書き留めたりと，クライアントが体験する出来事，認知，感情，行動などを**外在化**[2]（**図解化**または**外化**）する作業を行う。このような外在化を行うことで，Fさんに起こっている問題が，Fさんだけでなくセラピストにも理解しやすくなると同時に，それまでFさんの中でバラバラに捉えられていた，状況，認知，気分，行動が互いに関連し合うということを直感的に理解しやすくなり，自分の問題をより客観的に眺めることが可能となる。2人で作成した図1を眺めながら見えてきたのは，まず，自分を責める考えが一番浮かびやすいのは一人で部屋にいる状況だということであった。そしてその自分を責める考えに圧倒されているうちに，どんどん絶望的な気分になり，最終的には生活リズムが大幅に乱れることがわかった。また，家族から仕事もせずに自堕落に生活しているように見られていると感じて，絶望にさらに追い打ちをかけるということも確認できた。

Fさんは将来的には，このまま両親に頼って生きていくのではな

```
認知（考え・イメージ）
┌─────────────────────────────┐
│ ②「いい歳をして実家で養ってもらっている自分はお荷 │
│　物だ」                        │
│ ③「自分には何もない。もう生きている価値がない」  │
│ ⑧「やはり自分は生きている価値がない」「もう死ぬし │
│　かない」                      │
└─────────────────────────────┘
```

状況
① 自分の部屋でベッドに横になり、あれこれ考える
⑥ 翌朝起きられない
⑦ 家族に「そんな生活しているから病気になるのよ」と言われる

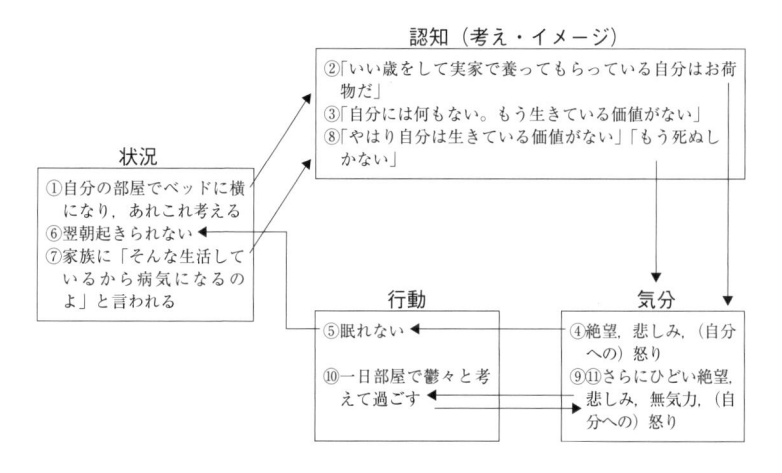

行動
⑤ 眠れない
⑩ 一日部屋で鬱々と考えて過ごす

気分
④ 絶望，悲しみ，（自分への）怒り
⑪ さらにひどい絶望，悲しみ，無気力，（自分への）怒り

図1　問題のアセスメント

く再就職を目指したいと語っていた。また、「たとえ再就職できなくとも、今のまま家に引きこもっているだけの生活で人生を終えたくない。何らかの形で社会に関わりたい」と話していたため、最終的には社会に復帰することを目指すために、カウンセリングで準備できそうなことについての話し合いを行った。このようにカウンセリングの方向性などについてもお互いに協力しながら進めていく協同的問題解決は、認知行動療法の特徴とされるところである。

　話し合いの結果、まずは生活リズムを整えることが重要であるということで意見が一致した。アセスメントでは、自分の部屋に一人でいるときに自分を責める考えが浮かんでくることがわかった。この点について、**自己注目理論**[3]によって理解できると考えたセラピストは、Fさんに自己注目理論について説明し、一人でいる状況

にいる限りネガティブに自己注目しやすくなることがお互いに確認された。また，生活リズムが乱れていることを家族に指摘されることでさらに落ち込み，絶望的な気分になることも理解されたので，毎日同じ時間に寝て同じ時間に起きて，日中は自分の部屋に閉じこもらず，できれば外出することを1つ目の目標とした。

　加えて，何をしていても，どんな状況にあっても，たいていは自分を責める考えに圧倒されているので，それになんとか自分で対応できるようになることが2つ目の目標となった。

　3つ目の目標は，相手に拒絶されるのではないかと思い不安になっても，人と関わることを避けずに続けることとした。これは，Fさんからの提案であった。Fさんは何度も大うつ病の再発を繰り返していた。そのため，以前勤務していた職場では皆，Fさんがうつ病を患っていたことを知っており，一部の心ない同僚が陰でコソコソと「Fさんは精神病だから」と言っていたのをFさん自身が聞いて，かなりのショックを受けたことがあった。それ以来，人と話すときに「おかしいと思われているんじゃないか」「自分がうつ病だとバレたら気持ち悪いと思われるんじゃないか」と不安に思い，人と話すのを避けるようになっていた。たとえば，役所に提出しなければならない書類を記入する際にどのように記入すればよいのかわからない箇所があり，質問のために窓口まで行ったものの，「こんな簡単なことを質問するなんて，頭がおかしい人と思われるのではないか，うつ病ということがバレてしまうのではないか」と不安になり，結局何も聞かずに帰ってくるなど，相手からの拒絶を恐れて人と関わるのを避けることが多くなっていた。そのことにFさん

自身も気づいており，何とかしたいと思っていたのだった。

　以上，Fさんと行ったアセスメントをまとめると，カウンセリングの目標は次の3つとなった。

目標1——生活リズムを整える・適度な運動をする
目標2——自分を責めるネガティブな考えが出てきたら，それに
　　　　対処して落ち込みすぎないようにする
目標3——対人場面で不安や緊張が強くなっても，その場から逃
　　　　げたりその場面を回避せずに相手と関わる

3. 目標に沿った介入

　カウンセリングにおける目標が定まったので，次は目標に沿った介入を行う段階となる。以下，それぞれの目標に応じて行った介入について述べたい。

(1) 目標1——生活リズムを整える・適度な運動をする

　生活リズムを整えるために，まず，Fさんの普段の生活の様子を調べることから始めた。活動記録表を用いて，Fさんの起床や入眠，家事や外出，食事などの日々の生活状況を，次のセッションまでの1週間記録してもらった。これを数週間続けた。最初のころは「これを見ると，1週間何もできていない自分が嫌になる」と話していたが，2人で振り返ることを続けるうちに，Fさんは客観的な視点

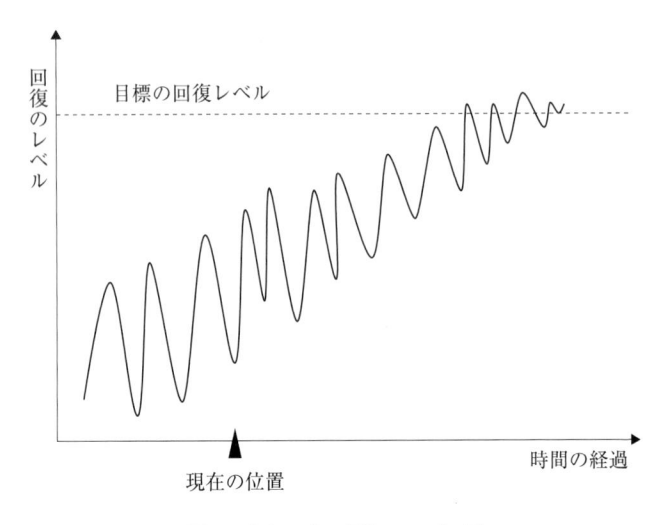

図2　大うつ病の回復のモデル図

を持てるようになっていった。たとえば「自分は平日は気分も落ち込みがちで生活も乱れがちだが，週末は比較的気分もいい。たぶん，週末だとみんな仕事を休んでいるし，外出しても何をしても社会からの落ちこぼれという感じがしないからだと思います」と述べるなど，かなり自分を客観視できるようになっていることがわかった。これも外在化の効果であると思われる。

　また，数週間分の活動記録表を並べてみると，ずいぶんと活動量に週ごとの波が見られることも把握された。この点について「うつが全然良くなっていない証拠ですね」とがっかりした様子で話すFさんに対して，セラピストが大うつ病の回復は決して直線的ではないことを図を用いて説明した（図2）。Fさんは図2を見て「気持

ちがもやもやしていたが，図に書いて説明されると整理しやすいと思った」と感想を述べていた。このように外在化によって理解が促進されるなどの効果も見られた。

　普段の生活の様子や気分の波の存在を確認した後に，2人で話し合い，生活リズムを整えるために毎日かならず昼前には起きることと，一定の時間に服薬・就寝することを決めた。また適度な運動をするために，皿洗いや風呂掃除などの家事を行うことを決めた。その後は，気分の波にのまれて生活リズムが乱れることもあるものの，そのたびに「生活リズムが崩れると調子が崩れる」ことを2人で確認した。このようなことを繰り返しているうちに，生活リズムが乱れても1週間以内には元に戻るようになっていった。

(2) 目標2――自分を責めるネガティブな考えが出てきたら，それに対処して落ち込みすぎないようにする

　Fさんは，自分を責めるネガティブな考えに圧迫されている状態につねにある方であった。あるセッションで開口一番に「昨日は，起きた時はいつもよりは気分はマシなほうでした。でもいつものように自分を責める考えで頭がいっぱいになってしまい，やっと寝ついたのが朝方だったため昼近くに起きました。食事をしに台所に行くと，そこにいた家族から，『そんなこと（昼ごろまで寝ていること）していると本当に頭がおかしくなるよ』と言われました。家族から『頭がおかしい』と言われたことで，それまでそんなに落ち込んでいなかったのに，急に絶望的な気分になってしまいました。もうそれからは何をしてもダメで，昔の同僚に精神病と言われたこと

や，会社をクビになったことを思い出してばかりです。テレビから『新入社員』とか『子ども』などの言葉が聞こえてきただけで，『結婚もできずに自分の子どもも持てないだけでなく，仕事もできないなんて自分の人生はもう終わりだ，死ぬしかない』とまで思ってしまいます。こんなちょっとしたことで気分がコロコロ変わったり，自殺したくなるほど絶望的になるのは，家族が言うように，私の頭がおかしい証拠ですね」と泣きながら話した。

　これに対して，セラピストはバウアーの感情ネットワーク理論[4][5]を用いてＦさんの様子を説明した。バウアーが行った実験は，健常大学生を対象としていたが，実験前はネガティブな気分ではなかった学生にネガティブ気分を誘導すると，その後ネガティブな記憶やネガティブな捉え方をしやすくなったという実験結果の説明をした。実験を用いた説明により，誰でもネガティブな気分になると，嫌な記憶や嫌なことばかり考えてしまうのだと納得できた様子であった。バウアーの理論を説明したことによって，その後，認知再構成法を実施する際に行う心理教育では，認知に対する理解が促進されたようであった。

　また，あるセッションでＦさんは，家にいると家族に気兼ねしてしまうと話していたために，「近所でもいいので外出するようにしましょう」と伝えたところ，「私は仕事もクビになって家族に養ってもらっている身なのに，家族に申し訳なくて外出できない。買い物なんてとんでもない」と話す。そこでセラピストは，**ストレスコーピング**[6]の心理教育を行った。ストレスコーピングは生きるうえで必要であるし，コーピングレパートリーを増やす必要もある

との説明に,「自分にもともとあったコーピングレパートリーが今使えなくなっている状態だから苦しいんですね」と感想を述べていた。また新しいストレスコーピングを探す必要性も理解し,気晴らしのために電車で1時間かけて大きな町まで出かけることを試しにやってみることになった。実施しての感想は,「外出してみて,楽しいという感じではなかったけど,別に絶望という感じでもなかった。自分を責めるような考えが浮かんでいない瞬間もあった。これを積み重ねればいいのかなぁ」と話す。その後は,近所のコンビニまで出かける程度の外出をたまにするようになっている。

(3) 目標3――対人場面で不安や緊張が強くなっても,その場から逃げたりその場面を回避せずに相手と関わる

会社を辞めて自宅にいるFさんは,家族以外の人と関わる機会を避けるようになっていた。前例にあげた役所の窓口の人のような初対面の人との関わりはもちろん,最近では学生時代の友人とも距離を置くようになっていた。メールで久しぶりに会いたいと連絡が入っても,「友人にはうつ病のことは伝えていないので,会えばきっと前の自分と違うことがバレてしまう。私がうつ病と知ったらきっと頭がおかしくなったと思われてしまうだろう」と躊躇してしまい,友人からの誘いのほとんどを断っていた。それどころか,最近ではメールの返信をするのも,「文章が変だと思われないか,うつ病だとバレると大変だ」と不安になるために返信できず,結果として友人からの誘いを無視してしまうようになっていた。そこで,セラピストはまず不安のメカニズムについて心理教育を行った。そして,

不安に慣れるためには，不安に曝される体験が必要であることを伝えた。

また，Fさんは対人場面で，沈黙することなく，かつ，うつ病であるとバレないような話を相手としなければならないと意識しすぎているため，かえって緊張して話がうまくできない状態にあることを，特定の事象を意図的に考えないようにする**思考抑制**の研究[7]を例に説明した。そして，コミュニケーション[8]では，話すことではなく相手の話を聴くことが重要であると伝えると，自分の友人は自分の話を丁寧に聞いてくれることを思い出し，彼女に話を聴いてもらうととても気分が良くなることを述べていた。そして沈黙することなく話し続けようとする自分の話し方は，一方的であったことに気づいたようであった。この結果，躊躇していたエクスポージャー導入への動機づけが高まり，すんなりと実施することができた。エクスポージャーを繰り返すうちに，徐々に人と話すことに慣れたFさんは，少しずつ人と関わる自信を取り戻していった。

4. 事例の終結

Fさんの事例は，この後24週目を迎えて，完全に治療が終わらないままに一応の終結となった。しかし，事例の終結時に2人でケースを振り返ってみたところ，Fさんにはさまざまな変化があったように感じた。これらを次にまとめる。

(1) 自己の捉え方

Fさんは「ようやく今になって，○○ができたと言えるようになっ

た自分がいる」と話すなど，自分を客観的に見ることがうまくなってきたことがうかがえた。

　また，つねに自分を責めているFさんではあるが，そんななかでも，自分にも良い点があることにも同時に気づくようになった。たとえば，活動記録表を数週間にわたって記録してきたことや，約1時間半の道のりを毎週休まず，全く遅刻もせずにきちんとセッションに通って来ることについて，「自分自身でもすごいと思う。よくやったと思う」と恥ずかしがりながらも自分をほめる言葉を口にしていた。またその他にも，家で共働きの両親に代わって夕食をつくることがあるが，夕食をつくることで家族に重宝されている点についても自分の良い点としてあげていた。

(2) コミュニケーション

　最初は不安そうにセラピストの顔色をうかがいながら話をしていたFさんであったが，協同的問題解決を行ううちに，2人の関係はより対等となっていった。徐々にセラピストとの関係にリラックスしてセッションに臨めるようになったFさんは，今日は調子が悪いと言いながらも，セッション中にセラピストの服装について冗談を言ったり，セッション中に笑い合ったりするようになっていった。本来Fさんが持っている陽気な部分を取り戻しつつあるようであった。まだ初対面の人と関わりについては構えてしまうものの，相手との関係に慣れることで，本来Fさんが持っている豊かなコミュニケーション能力を発揮できることをお互いに確認した。

　また，Fさんの話し方は，一度話し出すと止まらずに，自分を責

めるネガティブな考えをそのまま口にするため，独特の雰囲気があった。そのため，セラピストは最初Ｆさんと会話を続けるのに大変苦労していた。しかし，徐々にＦさんも認知行動療法の構造化に慣れていったようであった。認知行動療法では，さまざまな心理療法の中でもとくに構造化を重視する心理療法である。セラピストはＦさんとの関わりでは，ことさら構造化を強調してセッションを進めた。その甲斐あってか，終結期には，Ｆさんにはまだ感情的なことを話し出すと止まらないところは残っていたものの，時間に配慮しながら，しかも以前のようにセラピストの問いかけを無視してまで自分の話を続けることもなく，セラピストの様子に合わせて話を短縮するといったこともできるようになってきた。

(3) 再発のサイン

それまで何度も再発を繰り返していたＦさんであったが，以前はなぜ再発したのかと考えたことはなかったとのことであった。ただ漠然と職場環境が悪いために再発するのだと思っていたようであった。しかし，活動記録表を見直して，気分の波と生活リズムの関係に気づき，生活リズムの乱れが再発へのサインとなることを２人で発見したことを通じて，情報を集め，そこから問題を見つけて，解決に取り組むという問題解決技法も身に付けていったこともわかる。

以上に述べた３点はＦさんに見られた大きな変化であるが，その他多くの変化も見られた。認知行動療法開始から終結までＦさんを取り巻くつらい状況は依然として変わらないままであったが，以

前のように自分を責める考えが出てきたときに，一人部屋に閉じこもって苦しむのではなく，苦しくても何か行動を起こしたり，人と関わろうとすることが多く見られるようになった。そしてそんなFさんの姿は全体的にたくましく，そして生き生きとし始めたようにセラピストには感じられた。

Ⅳ　まとめ

本稿では，日々のセッションの中で基礎心理学の理論をどのように活用しているのかについてまとめた。その中でいつも筆者が感じることを最後にまとめておきたい。

それは，セラピスト側は，「こんな基礎心理学の理論で説明したところで，クライアントは理屈っぽいと嫌がるだろう」という偏った認知を思い浮かべがちであることである。それゆえに，基礎心理学の理論をセッション内で用いることを控えてしまう。しかし，これまで基礎心理学を事例の中で活用してきて思うのは，セラピスト側が考えているよりも，基礎心理学の理論はクライアントにすんなりと受け入れられるということである。たとえば，事例のFさんも，もともと「〇〇する人の心理学」などの心理学の啓蒙本の類を好んで読んでいた方であった。だからこそ，セラピストが「これは心理学では〇〇と言われているんですよ」と説明をすると興味津々の表情で話を聞いており，説明を聞いた後は自分の行動にとても納得していたようであった。とくにFさんにとって，自分の行動が基礎心理学の理論で説明できることは，「精神異常者であり，頭が

おかしい自分の取る行動は異常である」という認知から,「基礎心理学で自分の行動が説明できるということは,人間誰しも同じような境遇では同じように行動するということだ。自分の頭がおかしいわけではない」という自己の捉え方の修正に役立ったように思われる。この他にも,基礎心理学の理論をセッションの中で用いることが,クライアントとコミュニケーションを図るためのきっかけとして役立つことも考えられる。事例の中で基礎心理学を活用するためには,何よりも,セラピスト側が基礎心理学に対してどのような考えを持っているのかということが重要であるように思われる。

文　　献

[1] 森敏昭 (2001) おもしろ思考のラボラトリー. 北大路書房.
[2] 市川伸一 (1996) 認知心理学4「思考」. 東京大学出版会.
[3] 坂本真士 (1997) 自己注目と抑うつの社会心理学. 東京大学出版会.
[4] 菊池聡・谷口高士・宮本博章 (2002) 不思議現象なぜ信じるのか——こころの科学入門. 北大路書房.
[5] 谷口高士 (1991) 認知における気分一致効果と気分状態依存効果. 心理学評論 34 ; 319-343.
[6] 小杉正太郎 (2002) ストレス心理学. 川島書店.
[7] デビット・A・クラーク［丹野義彦（監訳）］(2006) 侵入思考——雑念はどのように病理へと発展するのか. 星和書店.
[8] 相川充 (2004) セレクション社会心理学20　人づきあいの技術——社会的スキルの心理学. サイエンス社.

コラム
基礎心理学と私
人間のココロに興味をひかれて……
森本幸子

　私が進路を選択したとき，時代はバブル絶頂期でした。そこでなんとなく経済学部を志望して勉強していたのですが，バブル崩壊とともに大学受験に失敗し，自分はこれから何をしたいのかと悩む毎日が続きました。そんなとき，ある友人から，父親がガンで余命1年と宣告されていたのに，新興宗教に入ってから5年以上生き続けているという話を聞き，人間の心が持つ不思議さに興味を引かれました。私はもともと，喫茶店に入り何時間も外を行きかう人を眺めるほど人間観察が大好きでしたので，大学ではぜひ人間に関する学部，その中でも人間の心について学ぶことができる学部に行こうと決め，つらい浪人時代を何とか乗り切りました。

　大学の心理学部に入学してからは，それこそ，臨床心理学だけではなく知覚心理学，教育心理学，発達心理学，社会心理学，生理心理学と基礎的な心理学を幅広く学びました。4年生のときには，授業を受けるなかで心と脳の関係に興味を持ったので，生理心理学のゼミに入りました。とても丁寧に指導してくださる先生や先輩方から，動物実験などを通して研究の仕方を学んだように思います。そして，データを取り，それを客観的に分析して解釈するという研究者としての姿勢を学びました。

　大学院のゼミもとても恵まれていたと思います。ゼミでは毎週のように，臨床心理学に関連する研究論文を読みました。そしてそれらの研究論文から，臨床心理学もまた，心の問題のメカニズムを探り，そ

して問題解決を行う学問だということを学びました。つまり，臨床心理学だからといって，研究法が他の基礎心理学と異なるものではないということです。それまで，臨床心理学は基礎心理学とは相容れない分野の心理学であり，基礎心理学とは無関係な領域だと勝手に思い込んでいた私は，本当に目からうろこが落ちるような思いで毎週ゼミに参加しました。今思えば，基礎心理学を臨床活動に活用するという姿勢はこのゼミで身に付けたのだと思います。

　学部や大学院時代に身に付けた研究者としての姿勢や，基礎心理学を臨床活動に活用するという姿勢は，臨床活動や教育活動で今でもつねに心がけていることです。そのためか，最近，日常的な出来事や疑問と学部時代には全く関係ないものと思い込んでいた基礎心理学の理論が，ふとした瞬間に結びつくことがよくあります。「あぁ！　これがあの授業のときに先生がおっしゃっていた○○なんだ！」と，まさに，TVのクイズ番組でやっているようなアハ体験です。それまでは，学部時代に学んだことの多くを忘れてしまったと思っていたのに，「研究者の視点でクライアントを捉えるんだ」とか「基礎心理学を臨床活動に活かすんだ」という私の意識が，脳の引き出しの奥底にしまってあった学部時代に身に付けた知識を引っ張り出してくれたのでしょう。やっぱり人間って不思議に満ちていて面白い生き物ですよね。

コメント

石垣琢麿

　大うつ病でも再発を繰り返す事例では，定型的な認知行動療法のテクニックが効かない場合が多い。その原因はクライアントのもつ生物的・認知的・社会的脆弱性の程度によるのであろう。薬物療法としては1種類の抗うつ薬だけでは効果がみられないこともあるので，生物的脆弱性としての神経伝達物質の病理メカニズムも他のうつ病とは異なるかもしれない。認知的脆弱性としては，自動思考よりも深部にある媒介信念（思い込みやルール）や中核信念（自己観や世界観）の偏りがきわめて大きく，また長年にわたって強固に維持されていることが考えられる。具体的には，本事例のように「すべての点にわたって，過去も現在も未来も，自分は役に立たないダメな人間だ」という中核信念の持続が，うつ病の再発の危険性を高める。

　こうした事例においては，再発リスクを減少させるために，さまざまな方向から介入が行われなければならない。「下向き矢印法」を用いて，軽症例よりも時間をかけて中核信念まで検討の対象とし，できる限り適応的に変容させることもそのひとつである。本事例では何らかの理由でそこに至るまでの時間が確保できなかったようだ。それでも，クライアントの認知や行動が修正され，本来持っている活力が蘇る可能性を示すことができた理由を，筆者は「ノーマライゼーション」にあると考える。ノーマライゼーションとは，「症状

はあなただけに現れているのではなく，恥ずかしいことでもない」というメッセージをクライアントに伝えることによって，精神障害や症状への認識，あるいは自己認識を変化させる認知行動療法のテクニックのひとつであり，統合失調症を中心とする重症例でよく用いられている[1] [2]。本事例には，自己注目理論，バウアーの感情ネットワーク理論，ストレスコーピング，思考抑制などの基礎心理学から導かれた理論が適宜教示されている。「人間誰しも同じような境遇では同じように行動するということだ。自分の頭がおかしいわけではない」というノーマライゼーションがクライアントに比較的早く根付いたのは，用いられた理論が「異常」心理学理論ではなかったからであろう。「自分は他者とは異なる」「精神障害者は差別されてしかるべきだ」という，いわゆるスティグマ意識はうつ病でも不安障害でも強い場合があり，中核信念と結び付いて（あるいは中核信念そのものになって）症状の持続要因になっている。中核信念を直接触れられることに対して，一般にクライアントは強く抵抗する[3]。その抵抗を解きほぐすためにさまざまな技法が提唱されているが，本事例のノーマライゼーションもそのひとつとして効果を発揮したと考えられる。

再発を繰り返すうつ病事例では強い不安もよくみられる。再発を繰り返すことによって，健康な気分の変動と異常な気分との区別がつかなくなることがある。そのため，セルフモニタリングが確実にできないという不安と，セルフコントロールが効かず再発するかもしれないという不安の両方がクライアントを襲う。この場合は，徹底したセルフモニタリングの訓練が有効である。一方，本事例では，

先ほどのスティグマ意識が関与する不安が強く,さまざまな角度からの心理教育とエクスポージャーが有効であった。このことは,再発を繰り返すうつ病事例の心理的多様性を反映していると思われる。また,クライアントの不安には,十分なソーシャルサポートを得るためのスキル不足も関与している可能性がある。そうであれば,他者との関係構築についての訓練をセッション中に行う必要がある。今後も臨床研究を積み重ねて,どのような事例にどのような介入が有効かを明確にする作業が必要とされる。

文　献

[1] Kingdon, D. and Turkington, D.（1994）Cognitive-Behavioral Therapy of Schizophrenia. Guilford.（原田誠一（訳）（2002）統合失調症の認知行動療法. 日本評論社.）

[2] Fowler, D., Garety, P. and Kuipers, E.（1995）Cognitive Behaviour Therapy for Psychosis. Wiley（石垣琢麿・丹野義彦（監訳）（2011）統合失調症を理解し支援するための認知行動療法. 金剛出版.）

[3] Neenan, M. and Dryden, W.（2004）Cognitive Therapy : 100 Key Points & Techniques. Taylor & Francis.（石垣琢麿・丹野義彦（監訳）（2010）認知行動療法 100 のポイント. 金剛出版.）

巻末付録　基礎心理学用語集

　事例で紹介された基礎心理学のキーワードを「基礎心理学用語集」として整理しました。用語集は「行動心理学」「認知心理学」「社会心理学」「パーソナリティ心理学」「発達心理学」「神経 − 生理心理学」「ストレス心理学」という 7 つの基礎心理学の上位項目から成り，さらに各項目に該当するキーワードが下位項目として挙げられています。

　各項目の最後に関連する別のキーワードを示し，さらに文献の番号，本文で言及されたページ数を記載しました。

執筆者略記

　伊藤＝伊藤絵美
　杉山＝杉山　崇
　坂本＝坂本真士

基礎心理学用語集 目次

行動心理学（Behavioral Psychology）.. 176
- オペラント条件づけ（operant conditioning）...177
- 回避（avoidance）..178
- 学習理論（learning theory）／学習心理学（learning psychology）........................179
- 系統的脱感作（systematic desensitization）..180
- 嫌悪条件づけ（aversive conditioning）..181
- 行動アセスメント（behavioral assessment）..181
- 行動療法（behavioral therapy）..183
- 行動理論（behavioral theory）..184
- 社会的強化（social reinforcement）...185
- 消去（extinction）..185
- 随伴性（contingency）／三項随伴性（three-term-contingency）............................186
- 正の強化（positive reinforcement）／負の強化（negative reinforcement）............187
- 手がかり刺激（cue）..188
- 動機づけ／モチベーション（motivation）...188
- 認知行動療法（cognitive behavior therapy／cognitive behavioral therapy）.........190
- 曝露（エクスポージャー［exposure］）／内的曝露（内部感覚エクスポージャー［internal exposure］）／馴化（habituation）...191
- 般化（generalization）..193
- モデリング（modeling）..193
- 誘因（incentives）..194
- ルール制御行動（rule-governed behavior）..195
- レスポンデント条件づけ（respondent conditioning）...196

認知心理学（Cognitive Psychology）.. 196
- 意味記憶（semantic memory）..198
- エピソード記憶（episodic memory）...198
- 外化＝外在化（externalization）／図解化（diagramization）.................................199
- 協同（的）問題解決（collaborative problem solving）／創造的問題解決（creative problem solving）..200
- 注意資源（attention resource）...202
- 日常認知研究（study of everyday cognition）...202
- 破局的認知（catastrophic interpretations）..203
- メタ認知（metacognition）...204
- 問題解決（problem solving）..206

社会心理学（Social Psychology）.. 207
- 気分一致効果（mood congruent effect）..208
- 原因帰属（causal attribution）..208

- 思考抑制（thought suppression） 209
- 自己開示（self-disclosure）／自己開示の返報性（reciprocity of self-disclosure） 210
- 自己確証理論（self-verification theory） 211
- 自己効力感（self-efficacy） 212
- 自己成就的予言（self-fulfilling prophecy） 213
- 自己スキーマ（self-schema） 214
- 自己注目（self-focus, self-focused attention） 215
- 自己注目状況（self-focusing situation） 215
- 自己注目と抑うつの3段階モデル（three phase model of self-focus and depression） 216
- 自己没入（self-preoccupation） 218
- 社会的比較理論（social comparison theory） 218
- （自己注目の）制御理論（control theory） 219
- ソシオメーター理論（socio-meter theory） 221
- ソーシャルサポート（social support） 222
- 内集団－外集団（in-group, out-group） 222
- 内的統制感（internal control） 223
- 認知的不協和（cognitive dissonance） 224
- 被拒絶感（sense of rejection） 225
- 被受容感（sense of acceptance） 225
- 抑うつ的帰属スタイル（depressive attributional style） 226

パーソナリティ心理学（Personality Psychology） 227
- C・クロニンジャーの特性論（C. Cloninger's trait theory of personality） 228
- T・ミロンの類型論（T. Millon's typology of personality） 229
- 気質（temperament） 230
- 損害回避（harmit avoidance） 231
- 内向性－外向性（introversion-extroversion） 231

発達心理学（Developmental Psychology） 232
- 生涯発達心理学（life-span developmental psychology） 233
- 情動調整（emotional regulation） 234
- 独立－依存葛藤（dependency-independence conflict） 234

神経－生理心理学（Neuro-physiological Psychology） 235
- 海馬（hippocampus） 236
- 扁桃体（amygdale） 237
- 前頭葉（frontal lobe）／前頭前野（prefrontal area） 238

ストレス心理学（Stress Psychology） 239
- ストレスコーピング（stress-coping）／コーピング（coping） 240
- ストレスホルモン（stress hormone） 241

文　　献 242

行動心理学 (Behavioral Psychology)

　実証的基礎心理学の創始者であるヴントは，人間の意識に迫るために「内観」という方法を重視したが，ワトソンは1910年代に，その主観性を批判し，心理学が真に科学的であるためには，客観的に観察や測定が可能な「行動」を対象とするべきであると主張し，行動主義心理学が創始された。これがその後，心理学で大きな主流のひとつとなる行動心理学の始まりである。

　ワトソンは刺激（S：Stimulus）と反応（R：Response）を分析単位として行動を説明しようとしたが（S-R理論），種々の行動観察の結果，全ての行動を単純なS-R理論で説明するのには無理があることが明らかになり，1930年代には，ハルやトールマンが，刺激を処理する個体（Organism）という概念を導入し，それを仲介変数とするS-O-R理論を提唱し，生体の個別的で多様な反応の客観的な説明を試み，新行動主義と呼ばれた。

　またそれとは別に，スキナーはレスポンデント条件づけとオペラント条件づけを区別し，オペラント条件づけに基づく行動の生成と環境の制御を理解するための理論化を試み，徹底的行動主義と呼ばれた。スキナーの理論は，ワトソンが一度は否定した人間の意識を再度研究の対象とするものであり，それが応用行動分析という実践に展開し，現在，認知行動療法（CBT）の一環として世界中で広く活用されている。（伊藤）

☞ **文献**
24

☞ **本文参照ページ**
27, 36, 37, 43, 102, 108, 125, 134, 138, 140

▶オペラント条件づけ (operant conditioning)

ある行動（オペラント行動）に伴う環境の変化によって，その行動の自発頻度が変化する学習。ある行動の自発頻度の高まりは強化，低まりは弱化と呼ぶ。また，生体が好む変化を好子または強化子（たとえば報酬など），嫌がる変化を嫌子または嫌悪刺激（たとえば面倒な作業の増加，退屈の増加など）と呼ぶ。ある行動を自発すると好子が随伴することで行動頻度が上がることを正の強化と呼び，好子が消失することで行動頻度が下がることを負の弱化と呼ぶ。また，ある行動の自発に嫌子が伴うことで行動頻度が下がることを正の弱化，嫌子が消失することで行動頻度が上がることを負の強化と呼ぶ（表1参照）。また，嫌子と罰は同一視されやすいが，それぞれ別のものを指す。罰の効果は限定的とされているが，約束されていた報酬を取り消す，または保留するような負の罰には一定の効果がある場合もあるとされる。

絶食によって食べ物の好子としての価値を増加させるような操作を確立操作と呼び，何らかの先行刺激が存在するときに環境の変化が起こるように操作して，行動自発のタイミングを操作することを弁別学習と呼ぶ。

なお，行動が自発されるたびに正の強化をする連続強化より，部分的に強化する部分強化のほうが，負の弱化が起こりにくいことも知られている。

（杉山）

☞ **文献**
28

☞ **本文参照ページ**
66, 71, 88

表1　正負の強化・弱化

	好子	嫌子
随伴	正の強化	正の弱化
消失	負の強化	負の弱化

▶回避 (avoidance)

　回避という語は，一般的にはポジティブないしネガティブなニュアンスを含まない中性的な言葉だが（例：「投手は右肘に違和感を覚えたので，登板を回避した」），心理学的にはこの回避という概念が不安障害の精神病理学・異常心理学において定式化されたこともあり，ややネガティブなニュアンスを伴う用語となっている。

　代表的な不安障害であるパニック障害を例に挙げてみよう。クラークは1986年にパニック障害の認知モデルを提唱した。それによると，たとえば電車に乗っているときにたまたまパニック発作を経験した人のなかには，次に電車に乗ろうとしたときに感じたちょっとした身体感覚を「これは発作の兆候に違いない」と破局的に解釈し，不安が増大し，その結果電車に乗らなかったり途中下車したりしてしまう人もいる。この「電車に乗らない」「途中下車する」というのが回避である。当事者にとっては回避によってひとまず不安が軽減しパニック発作を防げたので（負の強化），一時的には「良かった」ということになるかもしれないが，回避が習慣化することでこの人は電車に乗れなくなり，生活が大きく阻害されることになるかもしれない。このように回避が何らかの障害の維持に寄与したり当事者のQOL（生活の質）を阻害したりする場合，回避は心理療法のターゲットとなる。

　ただしストレスコーピングという概念からみて，適切かつ自覚的に回避を

するのであれば，それはコーピングとして十分に機能する可能性もあるので，一概に回避はネガティブな現象であると決めつけるのは，特に臨床実践においては戒めたい。（伊藤）

☞ **関連**
破局的認知，正の強化／負の強化，曝露（エクスポージャー）／内的曝露（内部感覚エクスポージャー）／馴化，ストレスコーピング／コーピング

☞ **文献**
33

☞ **本文参照ページ**
101，103，104，108，157，161

▶学習理論 (learning theory) ／学習心理学 (learning psychology)

　生体の行動および反応は条件づけによって獲得されている，という理念に基づく学習理論による心理学。生体は自分が置かれている環境に流される受動的な存在ではなく，適応的な行動や反応を獲得するために，積極的に学習するメカニズムを身につけていると想定している。また，生体としての人間も他の動物と共通した学習メカニズムを持つと仮定し，レスポンデント条件づけ，オペラント条件づけ，社会的学習の理論体系とそのアセスメント手法を用いて，学習過程の理解やより適切な変容を目指す。必要に応じて生物学的な基盤に由来する学習を介在しない反応の存在も考慮する場合もある。臨床的には対象者のセルフ・モニタリングおよび環境調整の能力によって用い方が変わる。たとえば，モニタリング能力が不十分な児童は，生活を共にする成人（両親，教師など）の協力を得て，適切な条件づけができる環境を生活の中に作り出す配慮が必要である。また，成人で生活能力が十分な場合でも，手がかり刺激や強化子の設定では生活環境から大きく外れないものを活用する工夫が必要である。このように一見すると機械論的な理論体系とは対照的

に，学習理論／学習心理学の臨床への活用では生活への密着度が高い。(杉山)

☞ **関連**
行動理論，レスポンデント条件づけ，オペラント条件づけ

☞ **文献**
28, 45

☞ **本文参照ページ**
61, 101, 102, 104, 108

▶系統的脱感作 (systematic desensitization)

ウォルピが 1950 年代，主に不安障害に対して，学習心理学における連合理論やレスポンデント条件づけの原理に基づいて開発した技法が，この系統的脱感作(法)である。クライアントはまず不安反応(交感神経の興奮)と相容れないリラクセーション反応を習得したうえで，リラクセーション反応中に恐怖刺激を徐々にイメージし，それに伴う恐怖や不安が解消する体験(逆制止)を繰り返すことによって，最終的に不安障害の克服に至る。ウォルピの功績は，系統的脱感作を学習理論によって説明したことだけでなく，本技法の治療効果を，統制群を設けて実証的に示した点にある。

その後 1960 年代から 1970 年代にかけて系統的脱感作に関する膨大な実証研究が行われ，さらに 1980 年代に入って行われた不安障害，特にパニック障害に関する実証研究および臨床研究の結果，系統的脱感作の効果は，リラクセーション反応によるものではなく，恐怖刺激のイメージすなわち曝露(エクスポージャー)によるものであることが明らかにされ，不安障害に対する技法はさらに洗練されていった。(伊藤)

☞ **関連**
学習理論／学習心理学，レスポンデント条件づけ，回避，曝露(エクスポージャー)／内的曝露(内部感覚エクスポージャー)，馴化

☞ **文献**
 24, **33**

☞ **本文参照ページ**
 102, 108

▶嫌悪条件づけ (aversive conditioning)

　嫌子（嫌悪刺激）を無条件刺激として活用する条件づけのことを指す。具体的には，ある行動の直後に嫌子が提示されることでその行動の生起頻度を減らすことを意味する。味覚で生じやすいことが知られており，ある食べ物を摂取した後で不快な症状を経験すると，その食べ物の味を手がかりに，その食べ物の摂取を嫌悪し拒否しやすくなる。この効果はガルシア効果と言われている。なお，嫌悪条件づけは生得的な準備性が影響するので，たとえば不快な光または音の刺激を魅力的な食べ物に対提示しても，この条件づけは成立しにくいとされている。このことは刺激等価性の問題に由来すると言われている。（杉山）

☞ **関連**
 レスポンデント条件づけ

☞ **文献**
 28

☞ **本文参照ページ**
 101

▶行動アセスメント (behavioral assessment)

　行動心理学では生体の内的過程に直接焦点を当てるのではなく，観察可能な行動に焦点を当て，個々の環境における行動のあり方とその変化を実証的

に把握しようとするところにその大きな特徴がある。行動心理学に基づく心理療法を行動療法と呼ぶが、行動アセスメントとは、行動療法において実施されるアセスメント法のことをいう。行動アセスメントは、実証的で、複数の方法があり多面的で、場合によっては複数の情報提供者を必要とする手続きである。その手続きには、観察可能な行動と、その行動と時間的に関連があり、行動の要因となる変数について慎重に測定されることが含まれる。行動アセスメントは、行動療法の治療計画においてのみならず、治療効果の検証においても用いられる。

たとえば小学校のクラスのA君に「授業中の立ち歩き」という問題行動がみられたとする。この場合授業中の立ち歩きというターゲット行動のみならず、それがどのような先行刺激によって生じているか（例：1時間目の国語の授業、教師がB君に声をかける）、あるいはどのような先行刺激に対しては生じないか（例：教師がA君と視線を合わせる）を測定・同定し、さらに立ち歩きのあり様を具体的かつ詳細に記述し、頻度等を測定する（例：実際に立ち歩いた距離、ルート、身体の動き、発声の有無など）。また立ち歩きの後にどのようなことになったかという行動の結果についても同様に具体的に観察したり測定したりする（例：教師の注目や叱責、周囲の児童の反応など）。行動分析ではこのようにしてターゲット行動を「環境」と「反応」の相互作用の枠組みのなかで具体的に理解していくのである。

なお「行動アセスメント」ではなく「行動分析」と呼ぶ場合、スキナーの徹底的行動主義に基づくアプローチを指す場合が多い。スキナーの理論に基づく行動分析を臨床や訓練などに用いる場合、さらにそれを特別に「応用行動分析」と呼ぶことになる。（伊藤）

☞ **関連**
随伴性／三項随伴性，認知行動療法

☞ **文献**
5, **44**

☞ **本文参照ページ**
28

▶行動療法 (behavioral therapy)

　行動心理学および学習心理学における行動理論と学習理論に基づく実証主義的な心理療法を，一般的に行動療法と呼ぶ。行動療法の目的はターゲットとする問題行動を的確にアセスメントし（行動アセスメント），行動に対する何らかの介入を行ったり，環境と行動の関係を調整したりすることにより，問題行動を変容したり軽減したりすることである。行動療法の起源としては，1920年代にワトソンらが行った「アルバート坊や」を対象とした白ネズミに対する恐怖条件づけの実験が挙げられる。ワトソンらの研究はレスポンデント条件づけ（古典的条件づけ）に関わるものであり，これが後に（1950年代）ウォルピが開発した系統的脱感作という不安障害に対する技法にまで発展した。

　一方1930年代にオペラント条件づけを提唱したスキナーは，ターゲットとなるオペラント行動と，行動による結果の随伴性を明確化する行動分析の重要性を強調し，行動変容のために随伴性をマネジメントすることの臨床的な有効性を実証的に示した（たとえばトークンエコノミー法）。これがいわゆる応用行動分析であり，応用行動分析は特に自閉性障害に対する療育の領域で広く普及することとなった。

　また行動療法の一部は，1980年代ごろより認知療法と統合を図り，認知行動療法として現在世界中で幅広く活用されている。このように行動療法にはいくつかの潮流があり，一枚岩ではない。したがって行動療法を学ぶ際には，それがどのような理論に基づいているのか確認するところから始める必要がある。ただし上記のとおり，行動をターゲットとすること，実証性を重視するということは，すべてに共通する行動療法の特徴である。（伊藤）

☞ **関連**
　行動理論，学習理論／学習心理学，行動アセスメント，レスポンデント条件づけ，

オペラント条件づけ，認知行動療法

☞ **文献**
 5, 24

☞ **本文参照ページ**
 37, 102, 119

▶行動理論 (behavioral theory)

　行動理論という用語は経済学や経営学などでも用いられるが，心理学で用いる場合は人間の行動の発生，維持，消去，変容を説明する理論の総称として用いられている。多くは学習理論を基盤に，行動を促す認知的な過程や情動（動機づけ）などの生理学的な働きも考慮する。たとえば，レスポンデント条件づけとオペラント条件づけを2大原理として行動に影響する変数を徹底して探る行動分析学，認知的な側面を変数として考慮する新行動主義，同じく従属変数を無力感に特化した学習性無力感理論，社会的な場での学習に注目した社会的学習理論（含む統制の所在理論），レヴィンの場の理論と新行動主義を統合したアトキンソンの期待×価値モデル，社会的学習理論と期待×価値モデルを統合した自己効力感理論，原因の推論で行動の変容が起こることに注目した原因帰属理論，原因帰属理論の従属変数を絶望感に特化した改訂学習性／無力感絶望感理論，認知的動機づけや認知的評価という変数を取り入れる内発的動機づけ理論，そして，アーロン・ベックの提案した認知療法のモデルなど，さまざまな理論を内包している。（杉山）

☞ **関連**
　学習理論／学習心理学, 内的統制感, 自己効力感, 原因帰属, 動機づけ／モチベーション

☞ **文献**
 28, 36

☞ **本文参照ページ**
102

▶社会的強化 (social reinforcement)

　ある刺激に対するさまざまな反応のなかで，特定の反応に対して選択的に褒め言葉などの言語的強化，微笑やうなずきなどの非言語的強化が与えられることで，次に起こる類似した事態で報酬希望が生じて，強化された反応の生起頻度が上がる。たとえば，上司から仕事を投げられた事態において，不平や不満の態度は無視し，仕事にとりかかる素振りに対して微笑や褒め言葉を与えることで，次に起こる類似事態で仕事に取りかかる素振りがより早く生起される場合などを指す。親子関係や上司－部下関係など社会的な場におけるオペラント条件づけにおいて，表情，動作，言語などを媒介とする二次的強化の一つとされている。（杉山）

☞ **関連**
　オペラント条件づけ

☞ **文献**
　28，36

☞ **本文参照ページ**
　110

▶消去 (extinction)

　レスポンデント条件づけにおける消去とは，無条件刺激の対提示がない施行が繰り返されると，徐々に反応を引き起こさなくなることをいう。たとえば，幼児期に会うたびに褒めてくれていた人に「喜び」の情動が条件づけられていたが，成人すると厳しいことを言われるようになると，会っても「喜び」を喚起しなくなる，という場合を指す。また，恐怖症への対応で用いられる

系統的脱感作や曝露（エクスポージャー）は基本的にこの原理を応用している。オペラント条件づけにおける消去は，ある行動に報酬（好子）が伴わない施行を繰り返すことで，行動の発生頻度を減らすことをいう。なお，一度消去されたように見えた条件反応が，時間の経過とともに回復することがある。このことは自発的回復と呼ばれている。（杉山）

☞ **関連**
レスポンデント条件づけ，オペラント条件づけ

☞ **文献**
28

☞ **本文参照ページ**
137-139

▶ 随伴性（contingency）／三項随伴性（three-term-contingency）

オペラント行動を理解する際に重要になるのが，随伴性／三項随伴性という概念である。ある反応（オペラント行動）を起こすとある結果が伴うことを「随伴性」という。行動療法における行動アセスメントでは，ターゲットとする行動を同定し，その行動の先行刺激（A：Antecedent）と，当該の行動（B：Behavior），そして行動の結果（C：Consequence）の相互関係についての仮説を，観察によって形成したり検証したりする。このAとBとCの三項の相互作用のことを「三項随伴性」と呼ぶのである。

たとえば「行動アセスメント」の項で紹介したA君の立ち歩きの例を用いると，A（先行刺激）が「1時間目の国語の授業」「教師がB君に声をかける」となり，B（行動）が「A君の立ち歩き」となる。そしてC（結果）が「教師の注目や叱責」「周囲の児童の反応」となる。三項随伴性に基づきこのような理解ができると，たとえば1時間目の国語の授業では教師がA君にあらかじめ視線を合わせるようにするとか，A君が立ち歩きをした場合あえて叱

責せず無視するようにするとか，本来の随伴性を変化させることで立ち歩きというターゲット行動を変化させることができるかもしれない。このような試みのことを行動療法では「随伴性マネジメント」という。(伊藤)

☞ **関連**
行動アセスメント，オペラント条件づけ

☞ **文献**
23

☞ **本文参照ページ**
28, 37, 138

▶ **正の強化** (positive reinforcement) ／**負の強化** (negative reinforcement)

オペラント条件づけの代表的な方法。ある行動に随伴して好子を与える強化を正の強化という。効果的な正の強化のためには好子の与え方に工夫が必要とされており，①行動が生起したらすぐに好子を与える即時性，②好子の種類をできるだけ多くしておく多様性，③好子をはっきりと明確に示す明示性，④適切な行動と直接関連した好子の効果が高いという関連性，に配慮する必要があるとされている。負の強化とは，ある行為に随伴して嫌子を除去することで，行動の生起頻度を高める強化を指す。負の強化は罰（嫌子の付与による行動の弱化）と混同されることがある。ともに嫌子を活用するが，負の強化は特定の行動の生起頻度を高める強化である点が異なっている。

(杉山)

☞ **関連**
オペラント条件づけ

☞ **文献**
28

☞ **本文参照ページ**
101, 134, 138

▶手がかり刺激（cue）

「思い出すための手がかり」となる刺激であり，何らかの記憶を想起する時に手がかりとなる刺激の総称。記憶内容が記名されるときに対提示された事柄は同時に符号化され，その記憶内容の一部となりやすい。そこで，忘れてはいけない事柄を，日常生活で思い出すべきタイミングで提示されやすい刺激とセットで符号化し，手がかり刺激とすることで，日常生活の必要な場面で必要な事柄を思い出せるようにすることを指す。この仕組は記憶心理学で符号化特定性原理と呼ばれている。また，オペラント条件づけの刺激性制御の弁別学習でも，手がかりとなる刺激について，この用語が用いられることがある。なお，オペラント条件づけとは理論体系が異なるが，手がかり刺激の弁別によって刺激性制御の取れた行動が促され，結果的に強化が行われる場合もある。最後に，知覚心理学でも手がかり刺激という用語が使われるが，これは知覚同定のための手がかりとなる刺激のことである。（杉山）

☞ **文献**
40

☞ **本文参照ページ**
75, 88

▶動機づけ／モチベーション（motivation）

生体を行動に駆り立てる内部的な力を動機（motive）と呼び，外部的な力を誘引（infection）と呼ぶ。動機をもとにして，行動を起こし，一定の目標

に生体を導き，満足が得られるまで行動を持続させるという一連の過程を「動機づけ／モチベーション」と呼ぶ。動機づけについては20世紀前半からマクドゥーガルやフロイトが考察をしていたが，実証的心理学においては，キャノンのホメオスタシス概念に影響を受けた行動心理学者ハルの動因低減説が関連は深く，彼は生体の動機づけを，「反応ポテンシャル＝習慣強度×動因」という公式から説明できるとした（1940年代）。ハルの理論は，たとえば飢えとか睡眠欲求といった生物学的な動機にはよく当てはまるが，その後主に学習心理学や発達心理学の領域で，生体には新奇な刺激を求めたり，新しいものに興味や好奇心を示したり，環境を自らコントロールしようとしてみたりといった，生物学的な報酬に依存しない動機が存在することが明らかになった。それは「内発的動機づけ」と呼ばれて注目され，今もなお多領域での研究が続けられている。

なお，臨床実践でこの「動機づけ／モチベーション」という語を使う場合は，自分が変化することや心理療法に対する「やる気」のようなものを指す場合が多い。当然高すぎず低すぎない適度な動機づけを有するクライアントが，通常最も心理療法の効果が出やすいのだが，高すぎたり低すぎたりするクライアントの動機づけを適正レベルに整えるのもセラピストの重要な仕事であることに留意されたい。最近では治療（心理療法を含む）に対するクライアントの低すぎる動機づけを適正なレベルまで上げていく「動機づけ面接」という技法が，特に認知行動療法のなかで注目されている。（伊藤）

☞ **関連**
　行動心理学，発達心理学，学習理論／学習心理学，認知行動療法

☞ **文献**
　5，16，25

☞ **本文参照ページ**
　47，48，50，67，68，73，108，110，120，129，135，145，162

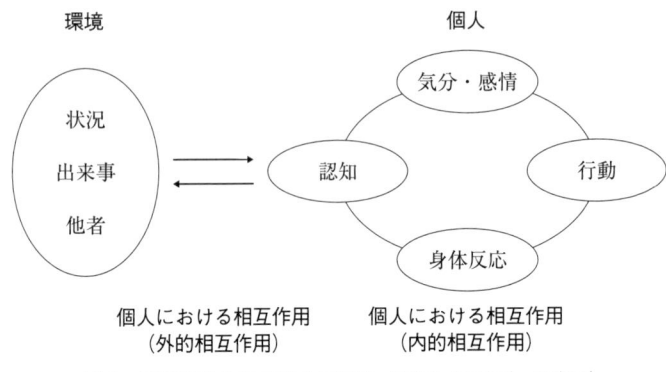

図1 認知行動療法の基本モデル（伊藤（2005）を改訂）

▶認知行動療法 (cognitive behavior therapy／cognitive behavioral therapy)

アーロン・ベックは，1950年代，患者の思考を精神分析的に解釈するのではなく，そのまま扱うことができること，特にうつ病の患者の思考はネガティブな方向に偏っており，その偏った思考を修正することで抑うつ症状が緩和されることに気づき，認知療法を提唱した。一方，行動心理学がS-R理論からS-O-R理論に発展したことに基づき，行動療法でも外顕的な行動だけでなく，内潜的な行動（すなわち認知）を対象とするようになるという変化がみられた。

認知療法も行動療法も心理学的基礎理論と実証性を重視することにおいては共通しており，「認知か行動か」と対立するのではなく，「認知も行動も」という現実的路線にシフトし，1980年代より「認知行動療法」という統合的な心理療法として展開を続けている。その頭文字をとって「CBT」と呼ばれることも非常に多い。

図1に認知行動療法の基本モデルを示す。

認知行動療法では，クライエントの抱える困りごとを図1の基本モデルに沿って相互的，循環的に理解する（アセスメント）。そのうえで困りごとの

解消を図るための計画を立て（ケースフォーミュレーション），コーピングが可能な認知と行動に焦点を当てて，その変容を図り，効果を検証していく。治療は構造化され，セラピストとクライアントの関係性は「共同的実証主義」と呼ばれるチーム関係であることが，その大きな特徴である。

現在，認知行動療法は，精神科領域における治療法としてだけでなく，科学的な裏づけのあるストレスマネジメントのための手法として，広く世界中で活用されている。（伊藤）

☞ 関連
行動療法，ストレスコーピング／コーピング

☞ 文献
5，**15**，**24**

☞ 本文参照ページ
19，23，40，49，71，76，80，105，119，120，123-132，135，136，140-142，145，149-155，164，169，170

▶曝露（エクスポージャー [exposure]）／内的曝露（内部感覚エクスポージャー [internal exposure]）／馴化（habituation）

曝露（エクスポージャー）とは，恐怖や不安の対象に自らをさらすことを意味する認知行動療法の主要技法であり，「曝露療法」と呼ばれることも多い。系統的脱感作に関する実証研究が進むなかで，リラクセーションによる逆制止よりも，曝露の効果がはるかに高いことが確かめられ，そこから曝露そのものに対する研究が進み，臨床的に応用されるということが1970年代より盛んになった。

パニック障害を例に取って具体的に示す。たとえば電車内でパニック発作を起こしたことがある人が，次に電車に乗ろうとしたときに駅のホームで動悸や息苦しさを感じ，「これは発作の兆候に違いない」「電車に乗るのは危

険だ」と思い，電車に乗らない，というのは「回避」である。この回避というオペラント行動を取り続ける限り，この人は電車に乗ることができないままである。それがその人のQOL（生活の質）を著しく損なうようであれば，曝露によって回避を克服する必要が出てくる。

　上記のとおり曝露は「さらす」ということであるが，厳密に言うと曝露は，不安や恐怖の対象となる外的刺激（例：電車）に身をさらすという「外的曝露」と，不安や恐怖とそれに伴う内的体験（例：「危険だ」という思考，動悸や息苦しさといった身体感覚）に自分をさらすという「内的曝露」に分けることができる。最近の研究からは，たとえ外的曝露が行われていても，自らの内的な体験を遮断するなど（その極端な例が解離である），内的曝露が行われなければ，曝露の効果が大幅に減じてしまうことが指摘されている。そのことを強調するために，内的曝露は特別に「内部感覚エクスポージャー」と呼ばれることもある。

　ではなぜ曝露は不安障害に対する効果が高いのか。その一つの説明概念として挙げられるのが「馴化」である。これはレスポンデント条件づけにより条件づけられた不安反応は，それを引き起こす刺激に持続的に直面することにより減弱されるという原理によるものである。曝露の効果に対するもう一つの説明は，「認知の再構成」である。曝露によって結果的に「何とか大丈夫であった」という体験を繰り返すことにより，破局的認知が再構成され（例：「たしかに動悸はするけれども，これは単なる動悸にすぎない。電車に乗ってしばらくたてば，そのうち大丈夫になるだろう」），回避が克服されるのである。曝露の効果が「馴化」か「認知の再構成」かはさまざまな議論があるが，現在のところ，おそらくその両方であろうという結論に落ち着いている。（伊藤）

☞ **関連**
　回避，系統的脱感作，認知行動療法，破局的認知

☞ **文献**
　5，**33**

☞ **本文参照ページ**
102, 105, 108, 114, 138, 139

▶般化 (generalization)

レスポンデント条件づけでは，条件づけられた条件刺激とは異なる刺激にも同様な反応を示すことを特に反応般化という。たとえば，深刻なパワハラ被害を受け続けた人が，パワハラ加害者の苗字を見ただけで恐怖反応を示すように，物理的類似性だけでなく意味的類似性に対しても生じることがある。また，同一の刺激が類似する反応の生起頻度を増やす場合を反応般化という。たとえば，動悸が高まるという恐怖反応に過呼吸などが伴うような場合をいう。オペラント条件づけでは，弁別刺激による刺激性制御を学習させていた場合，類似する手がかり刺激によってオペラント行動が誘発されることをいう。（杉山）

☞ **関連**
消去

☞ **文献**
28

☞ **本文参照ページ**
102

▶モデリング (modeling)

行動心理学者のバンデューラは，学習が直接的な体験だけでなく（手伝いをしたら親に褒められたので，手伝いという行動が習慣化する），たとえば観察といった代理的な体験からも成立することから（手伝いをしている子が親に褒められたのを見て，自らも手伝いをするようになる＝観察学習），社会的学習理論を1970年代に提唱し，行動療法を認知行動療法に発展させる

端緒を作った。観察学習を経て，当事者が観察対象であるモデル（多くは他者）を観察することを通じ，モデルの認知や行動を模倣し，それらを習得する過程のことをモデリングという。モデリングは無意図的に行われる場合もあれば意図的に行われる場合もある。

なおモデリングは現在，認知行動療法の技法として頻繁に活用されている（すなわちモデリングの意図的な活用）。たとえばグループセッションで他メンバーの言動を，あるいは個人セッションでセラピストの言動を観察学習することで，変化や治療に対する動機づけ（モチベーション）を高めたり，クライアントが自分にとってより役に立つ認知や行動を習得したりするというのが，その一般的なあり方である。（伊藤）

☞ **関連**
行動理論，学習理論／学習心理学，認知行動療法，動機づけ／モチベーション

☞ **文献**
6, 24

☞ **本文参照ページ**
62

▶ **誘因**（incentives）

食物や飲み物など，生体の行動を維持・促進する外部的要因。空腹や渇きなど，生体に行動を起こさせる内部的要因である動因と区別して用いられる。生物学的な内部要因に基づく生理的満足に対応することも多いが，精神的満足や情緒的満足に対応した金銭や活躍のチャンス，親和対象となる人物，評価される場，自尊心が満たされる場，など社会環境における誘因も想定されている。（杉山）

☞ **関連**
動機づけ／モチベーション

☞ **文献**
㊶

☞ **本文参照ページ**
75

▶ルール制御行動 (rule-governed behavior)

行動心理学（特にスキナーによる徹底的行動主義）における概念で，「もし……ならば (if...then)」という論理を内包した先行刺激を「ルール」という。強化刺激が得られる条件を明示したルールは，行動を安定させるうえで，良くも悪くも有効である。そのようなルールに制御される行動のことを「ルール制御行動」と呼ぶ。

例を挙げる。「回避」の項で述べた，「もし電車に乗ったら，パニック発作が起きるに違いない」とのルールに基づき，電車に乗るのを回避するのは，ルール制御行動の一種である。逆にパニック障害の治療において，セラピストが「もし電車に乗って，パニック発作の兆候があらわれても，適切に対処できればパニック発作には至らず，無事に目的地に到着するはずだ」というルールを提示して，クライアントがそれに納得し，このルールに従って行動するようになれば，この行動（回避せずに電車に乗り続ける）がクライアントにとって新たなルール制御行動となる。認知行動療法では，ここでいうルールに内在する認知のことを，「スキーマ」「ビリーフ」「信念」などと呼ぶことが多い。

なおこの「ルール制御行動」は「ルール支配行動」と訳される場合も少なくない。（伊藤）

☞ **関連**
行動理論，回避，認知行動療法

☞ **文献**
⓰，㊹

☞ **本文参照ページ**
108

▶レスポンデント条件づけ（respondent conditioning）

　古典的条件づけとも呼ばれる。特定の反応（たとえば唾液の分泌）を引き起こさない中性刺激（たとえばベルの音）が，反応を引き起こす無条件刺激（たとえば食物）と対提示される施行を繰り返すことで，特定の反応を引き起こす条件刺激になる，という人間を含む生体が備える学習システムの一つ。条件刺激によって引き起こされる反応は条件反応と呼ばれ，無条件刺激によって引き起こされる無条件反応と区別される。ただし，条件刺激がもともと引き起こしていた反応（たとえば耳をそばだてる）が消失するわけではない。臨床的には恐怖症や強迫性障害，パニック障害などの病理モデルに活用されるほか，曝露（エクスポージャー）や系統的脱感作などの治療モデルにも活用されている。（杉山）

☞ **関連**
　消去，般化

☞ **文献**
　28

☞ **本文参照ページ**
　102，108

認知心理学（Cognitive Psychology）

　人間の心は大きく知性と感情に分けられるが，その知性に関わるプロセス全体を「認知（cognition）」と呼ぶ。古くから哲学や心理学において知性すなわち認知をめぐる考察はなされていたが，認知

心理学とは，1950年代以降に大きく発展した，人間の知性を複数のプロセスに分けて研究する心理学のことである。認知心理学は，人間を情報処理システムととらえるところに大きな特徴がある。人間を，「外界から入力される刺激情報に注意を向け，パターン認識し，意味づけされた情報を記憶したり，あるいは情報と記憶をマッチングさせたりし，さらにそれらの情報について考えたり，問題解決のために推論を行ったりし，最終的にそれが行動という反応として出力する」というように，能動的に外界の情報を取り入れ，処理し，行動という反応に出力させていくシステムとしてとらえるのである。またその際の処理のあり方として，トップダウン処理（スキーマに基づく処理），ボトムアップ処理（データに基づく処理）の2種類が想定されている。

　認知心理学は当初，高度に統制された条件下での実験室研究が重んじられ，感情を伴わない認知（冷たい認知）が研究対象であったが，徐々に生態学的妥当性の高い研究が重視されるようになり，日常に生きる人間の認知（温かい認知）がさまざまな角度から研究されるようになり（例：自伝的記憶，目撃者証言，偽りの記憶，協同的問題解決，創造的問題解決，感情と認知の関係），それらは「日常認知研究」と総称されている。臨床とのコラボレーションを考える場合，特にこの日常認知研究が大いに参考になると思われる。また最近では社会心理学や神経心理学，発達心理学など他の基礎心理学の領域との学際的研究も盛んに行われている。（伊藤）

☞ **文献**
  10, 42

☞ **本文参照ページ**
  125-127, 131, 132, 137, 140, 141, 144, 146, 152

▶ **意味記憶** (semantic memory)

　意味記憶は人間の長期記憶の一種である。長期記憶は，ほぼ無限の容量を持つ永続的な記憶と言われており，必要に応じて検索されて，現在進行中の作業や出来事に関わる情報の一時保管場所，すなわちワーキングメモリに呼び出されて活用されている。長期記憶の中でも意味記憶は言語やイメージで表現できる記憶（宣言的または陳述記憶）の一種で，文字や数字，単語やその意味，化学式や数式など経験から一般化された知識・情報に関する記憶である。原則として記銘（記憶）や検索（想起）するときには意識を伴う顕在記憶と考えられているが，検索は潜在的に行われることも多い。（杉山）

☞ **関連**
　エピソード記憶

☞ **文献**
　40

☞ **本文参照ページ**
　85

▶ **エピソード記憶** (episodic memory)

　エピソード記憶とは意味記憶と並ぶ宣言的記憶の一つで，自分自身が体験した，あるいは詳細に伝聞した具体的な出来事に関する記憶である。検索や活用の仕組みは基本的に意味記憶と同じで，意味記憶とは相互に独立したも

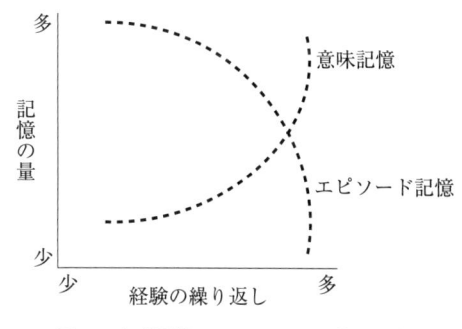

図2 意味記憶とエピソード記憶の関係

のではなく，図2のように経験回数が多くなるほどエピソード記憶は減少し，意味記憶だけが残る性質があると言われている。たとえば，行動心理学の研究者が"(学習の) 転移"という用語に繰り返し触れている場合，初学者の頃は用語を用いる研究室や研究者と用語が結びついているが，次第に研究室や研究者と独立して用語の意味だけが残る。精神分析のセラピストが"(感情の) 転移"を身につける過程も基本的に同じである。(杉山)

☞ **関連**
意味記憶

☞ **文献**
40

☞ **本文参照ページ**
85

▶外化＝外在化 (externalization) ／図解化 (diagramization)

人間の認知（内的な知識や思考やイメージ），およびそれに伴う気分・感情や身体反応，つまり人間の内的な体験を，外的な装置（紙，ホワイトボー

ド，コンピュータのモニターなど）に置いて，いつでも参照可能な状態にすることを「外化」「外在化」という。また外化（外在化）する際に図を用いて，視覚的にわかりやすい形にすることを「図解化」という。我々が一度に処理できる情報の容量には限りがあり，注意資源も限られているが，外化（外在化）や図解化によって，認知にかかる負担が軽減され，それが問題の理解や解決の大きな手助けになる。また外化（外在化）することで，自らの内的体験に距離を置き，客観視することができるので，メタ認知機能が発揮されやすくなる。さらに外化（外在化）することで，人の内的な体験が他者と共有しやすくなり，協同（的）問題解決が促進される。認知行動療法ではモデルに基づく外化（外在化）の作業を徹底的に行うことが特徴的であるが，実はそれにはこのような意味があるのである。（伊藤）

☞ **関連**
注意資源，メタ認知，認知行動療法

☞ **文献**
43

☞ **本文参照ページ**
27, 36, 127, 129, 131, 132, 136, 154, 158, 159

▶協同（的）問題解決 (collaborative problem solving) ／創造的問題解決 (creative problem solving)

問題解決というテーマは認知心理学において古くから焦点が当てられていたが，当初研究や実験の対象となったのは，簡単なパズル解きのような，問題の構造がシンプルで明確なものばかりであった。そのような問題を「良定義問題 (well-defined problem)」という。しかし人間が日常生活で出会う問題は，明確に定義のしづらい複雑な問題であることが圧倒的に多い。そのような問題のことを「不良定義問題 (ill-defined problem)」というが，認知心理学にお

いて生態学的妥当性の高い研究が重視されるようになり，日常認知研究が盛んに行われるようになった流れを受けて，問題解決研究においても徐々に不良定義問題が扱われるようになっていった。そのような流れのなかで注目されるようになったのが，「協同（的）問題解決」と「創造的問題解決」である。

協同（的）問題解決は，その名の通り，複数の人間が一緒になって問題解決をすることである。実験室でパズルを解くのとは異なり，私たち人間は，日常生活においては，たった一人ではなく，家族や同僚や友人と一緒に問題を解決しようとすることが多い。協同（的）問題解決に関する研究では，協同ならではの問題解決の有り様の特徴や，協同して問題解決にあたる場合にどのようなやり方をするとパフォーマンスが上がるか，といった知見が示されており，心理療法をセラピストとクライアントによる協同（的）問題解決の過程とみなす場合，これらの知見が大いに役立つだろう。なお協同に関する認知心理学の研究では，問題解決の他にも「協同想起」「協同学習」といったテーマがあり，大変に興味深い。

創造的問題解決は，解決策が1つに限定されなかったり，そもそも目標が曖昧で多義的であったりする問題解決のことをいう。たとえば新たなアート作品を作ったり，新商品を開発したりする場合がこれに該当する。そしてもちろん心理臨床における問題解決も，その多くが創造的問題解決である。したがって協同（的）問題解決と同様，創造的問題解決に関わる知見も，大いに活用することができるだろう。（伊藤）

☞ **関連**
問題解決，日常認知研究

☞ **文献**
1, **10**, **43**

☞ **本文参照ページ**
127, 134, 141, 152, 155, 163

▶注意資源 (attention resource)

　生きている限り,我々の感覚器官には膨大な情報が入力され続けるが,我々はそれら全ての情報を処理するのではなく(そんなことは不可能である),意識的であれ無意識的であれ入力される情報を常に取捨選択している。それが注意の機能である。我々が何らかの対象に対し意識的に注意を向ける際,人間の認知容量に制約があることから,当然注意の容量にも制約が生じる。それを「注意資源」という。ある課題を繰り返し行うことで,その課題を自動的に行えるようになってくると,課題に向けられる注意の容量は軽減されるため,注意資源を他のことに振り分けられるようになる。たとえば運転免許を取得したばかりの人が運転をする際,ほぼ全ての注意資源を運転に向けざるを得ないだろうが,運転することに習熟すれば,注意資源を同乗者とのおしゃべりや音楽を聴くことにも振り分けられるようになるだろう。注意資源の制約を自覚しつつ,それを意識して的確に振り分けるのは,メタ認知機能の一部でもある。(伊藤)

☞ **関連**
　メタ認知

☞ **文献**
　10, **14**

☞ **本文参照ページ**
　78, 127

▶日常認知研究 (study of everyday cognition)

　認知心理学は実証性を重視する基礎心理学として創始されたため(1960年代),他の基礎心理学と同様,厳密な統制を伴う実験室での研究が主に行われ,人間の情報処理過程に関する多くの知見が蓄積された。しかし日常生活と実験室では人間の認知の有り様が異なることや,認知心理学は日常生活におけ

る認知に焦点を当てるべきであること,すなわち生態学的妥当性の高い研究をするべきであるという指摘が1980年前後から多くなり,そこで新たに始められたのが日常認知研究である。日常認知研究とは,日常場面における認知過程の解明に焦点を当てて,主に,実験室の中ではなくて,自然な状況のもとにおける調査・観察・実験により収集されたデータに基づく認知研究である。実証性や条件の統制を重視するという意味では,これまでの認知心理学の研究と何ら変わりはない。日常認知研究においてテーマとして取り上げられることが多いのは,種々の記憶(展望的記憶,自伝的記憶,偽りの記憶)や問題解決,目撃証言などである。(伊藤)

☞ **関連**
協同(的)問題解決／創造的問題解決

☞ **文献**
14

☞ **本文参照ページ**
126, 144

▶破局的認知 (catastrophic interpretations)

「破局的解釈」と訳されることも多い。「破局的認知」は,広義には文字通り「物事を破局的に(極度に悲観的に)認知すること」ということになるが,特にこの概念が注目されるのは,精神病理学／異常心理学における不安障害(特にパニック障害)およびうつ病の病理モデルとの関わりにおいてである。

クラークは1980年代にパニック障害の病理モデルとして,クライアントが自身の身体的ないしは気分的な小さな反応を,「パニック発作の兆候では」「どんどんひどくなって死んでしまうのでは」「どんどんひどくなって発狂してしまうのでは」と破局的に解釈することによって,かえって身体や気分の反応を悪化させてしまうことを定式化した。またアーロン・ベックは1960

年代にうつ病の病理モデルを構築したが，その際，うつ病のクライアントが陥りやすい認知の偏りのパターンを抽出し，その一つとして，「破局的認知（破局視）」を挙げた。たとえば，うつ病のクライアントが自分の犯したちょっとしたミスに対し，「こんなミスをするようじゃ，自分の人生はお先真っ暗だ」「会社をクビになってしまうに違いない」と自動的に考えてしまい，その結果，抑うつ症状がさらに悪化するというのが，うつ病でよくみられる破局的認知の有り様である。

どちらの病理モデルも思弁によるものではなく，実証研究に基づいた科学的なものであり，そのような病理モデルに基づき介入の計画を立て，その効果をさらに実証的に検証していくのが認知行動療法の大きな特徴である。

なおこの破局的認知やその他の認知の偏りは，認知心理学的にはある種の「ヒューリスティックス」に基づく思考であるとみなすことができるだろう。

(伊藤)

☞ **関連**
　回避，認知行動療法

☞ **文献**
　5

☞ **本文参照ページ**
　53，61，101，104，107，114，115

▶ メタ認知 (metacognition)

メタ認知とは，個人の認知活動全般に関わる認識や知識のことを指し，認知過程そのものを対象化した認知過程のことである。平たく言えば「認知についての認知」がメタ認知である。メタ認知という概念は，もともとは子どもの記憶の発達過程に関する研究においてフラベルが1970年代に提唱した「メタ記憶 (metamemory)」という概念が，記憶過程だけでなく，より広範

な認知過程全般に拡張されたものである。メタ記憶とは、これまた平たく言えば「記憶についての認識や知識」のことであり、例を挙げると、友人と何か約束をしたときに、「忘れてしまうといけないから」と手帳にその約束を書き込むときに機能するのがメタ記憶である。つまり、「自分は友人との約束を頭の中だけでちゃんと覚えていることはできないだろう」というように、自らの記憶についての知識が働いたため、この人は手帳という外部記憶にその約束を覚えさせたのである。

メタ認知には大きく分けて、「人間の認知活動全般に関わる知識」という知識の部分と、「自己の認知活動や認知過程に対するモニタリングとコントロール」という活動や経験の部分がある。前者をメタ認知的知識、後者をメタ認知的経験というが、臨床的により重要なのは後者であろう。たとえば認知行動療法ではまず、状況に対する自らの認知や気分をセルフモニタリングする練習をするが、これはまさにメタ認知を育成・強化する課題であると言える。また非機能的な認知をモニタリングし、機能的な認知に再構成するという技法（認知再構成法）があるが、これも自らの認知のモニタリングとコントロールの技法そのものであると言えるだろう。さらに認知行動療法ではモニタリングの結果などを紙に書き出すなどして徹底的に外在化（外化／図解化）するが、内的な認知的経験を外在化して距離を置いてみることも、モニタリングやコントロールといったメタ認知機能を強化するためには非常に役に立つと言われている。（伊藤）

☞ **関連**
　認知行動療法，問題解決，外化＝外在化／図解化

☞ **文献**
　34, 35

☞ **本文参照ページ**
　127, 131, 136

▶問題解決 (problem solving)

現状と目標の間に何らかの妨げがあるとき,現状から目標に到達する方法を見出し,その方法を実践することを問題解決という。認知心理学では古くから,人間の認知(特に思考や推論)の有り様を探るために,被験者に何らかの問題を課し,解決に至るまでの認知過程を実証的に調べ,モデル化するというスタイルの研究を積み重ねてきた。

ニューウェルとサイモンが1972年に出版した"Human Problem Solving"は人間の問題解決に関する記念碑的なテキストであり,そこで提示されているのは,全ての問題解決は「問題の理解」と「解決策の探索」の2つの過程から成り,しかも必ず前者(問題の理解)が後者(解決策の探索)に先行するというシンプルだが実に力強い理論である。

認知行動療法は,セラピストとクライアントによる「協同的問題解決」と定式化することができるが,彼らの理論によれば,クライアントの抱えている困りごと(問題)の解決を図るまえに,必ず困りごとを十分に理解しなければならない,ということになる。すなわちアセスメントやケースフォーミュレーションがいかに重要で不可欠な営みであるか,ということが問題解決の心理学によって提示されているのである。

問題解決については,他にも「機能的固着(先行する経験が内的表象の変化を困難にし,問題解決を阻害する現象)」「問題表象の転換」「手段-目的分析」「類推の活用」「エキスパートの問題解決」などさまざまな概念やテーマについて研究が行われ,臨床的にも有用性の高い知見が蓄積されている。(伊藤)

☞ **関連**
  認知行動療法,協同(的)問題解決／創造的問題解決

☞ **文献**
  1, **10**

☞ **本文参照ページ**
  127, 128, 131, 132, 134, 135, 140-142, 152, 164, 168

社会心理学 (Social Psychology)

　社会心理学を一言で定義するのは非常に難しいが，あえて一言で言うと「人間が日常生活の中で互いに影響を与えあって生きている，その人と人との相互作用のあり方を研究する学問領域」と言える。社会心理学は，①個人内過程（例：自己，社会的認知，態度），②対人関係（例：対人的相互作用，ソーシャルサポート），③集団・組織（例：集団と個人の関係，集団間関係），④集合現象（例：流行，マスコミュニケーション），⑤文化（例：文化差，社会問題）の5つの領域に分けることができる。この5つの領域は，「心理学的社会心理学」と呼ばれる，心理学的な視点から個人に焦点を当ててアプローチする立場（上記の①～③をおもな研究領域とする）と，「社会学的社会心理学」と呼ばれる，社会学的な視点から社会全体にアプローチする立場（上記の④と⑤をおもな研究領域とする）に分けることができる。臨床心理学との関連では前者の方がより重要であり，近年日本でも「臨床社会心理学」と呼ばれる領域として確立されれつつある。（坂本）

☞ **文献**
　32, 39

☞ **本文参照ページ**
　29, 37, 41, 43, 66, 72, 73, 101, 125, 137, 141, 167

▶気分一致効果 (mood congruent effect)

気分による認知過程への影響。ある気分が生じると、人の認知はその気分のもつ感情価（ポジティブかネガティブか）に一致する方向に展開しやすい。たとえば楽しい気分では素敵な思い出が再生され、楽観的な判断や推論が促される。逆に落ち込むと、自分の悪いところにばかり注目したり、過去の失敗や恥ずかしい出来事を思い出しやすくなる、などの現象が知られており、抑うつの持続過程では嫌な気分と考えの循環が起こることも知られている。また、この効果から心の内部ではそれぞれの表象に感情価がラベリングされて感情ネットワークを形成していることが示唆されている。なお、他者から賞賛されるなどの社会的状況で過度に気分が高揚しそうな場合には、気分不一致効果と呼ばれる気分状態とは逆の認知過程が促されて、過度な高揚を抑える場合があることも知られている。（杉山）

☞ **関連**
自己注目と抑うつの3段階モデル、被受容感

☞ **文献**
46

☞ **本文参照ページ**
72, 82

▶原因帰属 (causal attribution)

一般の人々が、身の周りに起こるさまざまな出来事や自己や他者の行動に関して、その原因を推論し、何らかの要因に帰すること。原因の推論を通して、自己や他者の内的な特性や属性に関する推論を行う過程（特性帰属）とあわせて「帰属過程」と呼ばれる。たとえば、「ある人が急に怒り出した」という出来事から、「なぜその人が怒り出したのか」を考え（原因帰属）、原因の推論を通して「その人が短気だから」とか、「隣の人がわざとその人の足を

踏んだから，怒った人が短気とは限らない」などと，行為者の属性を推論する。さらに，推測した属性に基づいてその人に対する行動を決定したり（例：「短気な人だから怒らせないように行動しよう」），自己や他者の行動に対する期待をもったりする（例：「自分には能力がないからその仕事はできないだろう」）。

原因帰属は現実問題の理解にも活用された。有名なものとしては，成功と失敗に対する原因帰属を取り扱ったワイナーの理論や，抑うつに特徴的に見られる抑うつ的帰属スタイルである。（坂本）

☞ **関連**
抑うつ的帰属スタイル

☞ **文献**
31

☞ **本文参照ページ**
72, 137

▶ **思考抑制**（thought suppression）

禁煙中の人はタバコのことを考えないように努力すると，かえってタバコのことが脳裏に浮かんでしまうという。思考抑制とは，特定の事象を意図的に考えないようにすることだが，意図に反してその事象の活性化を高めてしまう（思考抑制の逆説的効果）。逆説的効果は，以下のような結果として現れる。①思考抑制することで，抑制対象について考える頻度が高まってしまう（リバウンド効果）。②思考抑制を試みている間，思考の侵入頻度が上昇する（即時的増強効果）。③思考抑制をすると，対象に関するポジティブあるいはネガティブな感情が増大する（感情の激化）。④抑制中に，抑制した思考が侵入してきたことで，さらに抑制を行おうするが，結果的にこの試みはうまくいかず悪循環になる（増幅的悪循環）。思考抑制は，強迫観念や抑うつ，不安などを増幅させてしまう過程としても考えられている。（杉山）

☞ **文献**
 2, **29**, **46**

☞ **本文参照ページ**
 162, 170

▶自己開示 (self-disclosure) ／自己開示の返報性 (reciprocity of self-disclosure)

自己開示は，他者に対して，言語を介して自分自身に関する情報を（本人の自由意思のもとに）伝達することである。自分に関する情報を他者に伝えるという点で，自己開示と類似の概念として，自己呈示 (self-presentation) がある。自己呈示は，特定の印象を抱かせるために意図的に特定の情報を言語的・非言語的に伝えることであり，誠実に自分自身に関する情報を言語的に伝え，自分自身をあらわにする自己開示とは区別されるが，両者は必ずしも明確に区別できるわけではない。

自己開示することでさまざまな効果が生じる。まず，他者との親密化の過程では自己開示が重要な役割を果たす。一般的には，あまりよく知らない他者と初めて会うときには表面的な話しかしないが，親密化の過程で会う機会が増えるにつれ，徐々に自分自身のこと，それも深い内容のことを話し合うようになる。これには，「自己開示の返報性」が働いていると考えられる。すなわち，自己開示をされた側は，自己開示されたのと同じ量や同じ深さの自己開示を相手に返すという傾向がある。

また，悩みを自己開示しているうちに，問題や自己についての理解が深まったり，感情を表出するだけでも気分が楽になったりする。これらの効果は対人的な自己開示に限らず，紙に書き出すだけでも得られる（筆記感情法）。悩みの自己開示をすることで，他者からのサポート（ソーシャルサポート）を得る可能性も増す。ただ，悩みの自己開示の仕方によっては，聞き手から拒絶的反応を引き出す可能性も指摘されている。

臨床場面では，クライアントの自己開示が一方的に促されるが，セラピストの自己開示が全くいらないわけではない。自己開示の返報性にあるように，セラピストが自己開示することによって，より一層の自己開示をクライアントから引き出す可能性があるし，ラポールの形成にも有効であろう。（坂本）

☞ **関連**
ソーシャルサポート

☞ **文献**
27，32

☞ **本文参照ページ**
141，145

▶自己確証理論 (self-verification theory)

人間は，保持する情報や態度と提示された情報や態度が一致する認知的な快を求めるように動機づけられている。自己確証理論では，この動機づけは「自己」をめぐる情報や態度（自己スキーマ）にも該当する。すなわち，保持する自己情報（自己スキーマ，自己概念）と一致した情報が提示されれば認知的に快に，一致しない情報が提示されれば認知的に不快になるとする。そのため，人間は保持する自己情報を確証するできる情報に近づくとされる。たとえば，「自分はダメな人間だ」という否定的な自己情報には否定的な気分が伴うが，他者から「おまえはダメな人間だ」という自己情報を確証する扱いを受けると認知的には快となり安定する。逆に，「あなたは素敵な人です」という扱いを受けると，気分的には快だが認知的には不快になり安定しない。このような気分的な不快と認知的な快のギャップは心理的な負担が大きく，抑うつの対人関係の一側面であるとされている。臨床的には確証しやすい本人の実績から肯定的な自己情報を提示することが望ましいことが示唆される。なお，この理論は自己高揚動機理論と理論的対立があるとされている。（杉山）

☞ **文献**
 37

☞ **本文参照ページ**
 72

▶自己効力感 (self-efficacy)

　自分の行動を自分の意志でコントロールして目標を達成できるという自信のこと。セルフ・エフィカシーと表記されることもある。バンデューラは，行動の先行要因として2種類の期待（予期），すなわち効力期待と結果期待の存在を指摘している（図3）。結果期待とは「その行動を取れば一般的にはある結果（強化）が得られるだろう」という，強化の予想確率のことであり，効力期待とは「自分がどれくらいの確率でその行動をとることができるか」という行動達成の予想確率のことであり，この結果期待を自己認知したものが自己効力感である。たとえば，「猛勉強すれば試験で良い点が取れるものだ」というように，勉強（行動）と良い点（結果）との随伴性の認知が結果期待であり，「私は猛勉強することができない（できる）」というように，行動の主体が行動達成する期待が効力期待である。臨床的に問題となるのは結果期待の高低よりも，自分の効力期待をどの程度見積もるか（つまり自己効力感の程度）である。(坂本)

☞ **文献**
 3

☞ **本文参照ページ**
 102, 104, 107

```
┌──────┐  効力期待  ┌──────┐  結果期待  ┌──────┐
│  自己 │─────────→│ 行動 │─────────→│ 結果 │
└──────┘           └──────┘           └──────┘
         _____/
                   期待
```

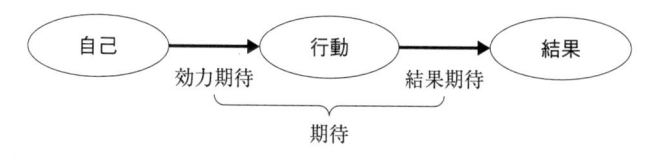

図3　効力期待と結果期待

▶自己成就的予言 (self-fulfilling prophecy)

　人が想定したことが本当に起こるだろうと予期すると，無意識のうちに予期に合う行動を取ってしまい，結果として予期された状況を作り出してしまうプロセスである。有名な例としては，1973年の石油ショック時に起こったトイレットペーパーなどの品不足がある。現実には品不足ではなかったが，「品不足になる」という不安のために，人々が一斉にものを買いためた結果，実際に店頭から品物が消えていった。自己成就的予言は教育現場でも知られている。「この児童は頭が良く，できる子だ」と教師が信じていると，意識せずとも熱心に教えるなどその期待にそった行動を取り，結果としてその児童の成績が実際に伸びるというもので，「ピグマリオン効果」と呼ばれている。(坂本)

☞ **関連**
　自己確証理論

☞ **文献**
　11

☞ **本文参照ページ**
　75, 84

▶自己スキーマ (self-schema)

「過去の経験から引き出された自己についての認知的概括」とされる。たとえば,「私はセラピストである」「女性である」「サッカー観戦が好き」「独立心が強い」「ラーメンが大好き」などといった自己に関する知識は,バラバラな状態で保存されているのではなく,関連性の強いもの同士が集まり,構造化された状態で貯蔵されていると考えられており(図4),これを自己スキーマと呼ぶ。

自己スキーマに合致する自己に関する情報は処理されやすい。すなわち,自己スキーマに合致する情報には選択的注意が向けられやすく,記憶されやすい。自己スキーマは「自己概念」とも類似しているが,情報処理的な知見を導入し,構造的な特徴を想定している点が異なる。なお,自己スキーマは認知心理学で研究されてきた「スキーマ」(物事についての一般化された認知構造)から派生した概念である。(坂本)

☞ **文献**
11

☞ **本文参照ページ**
78, 79, 85, 89

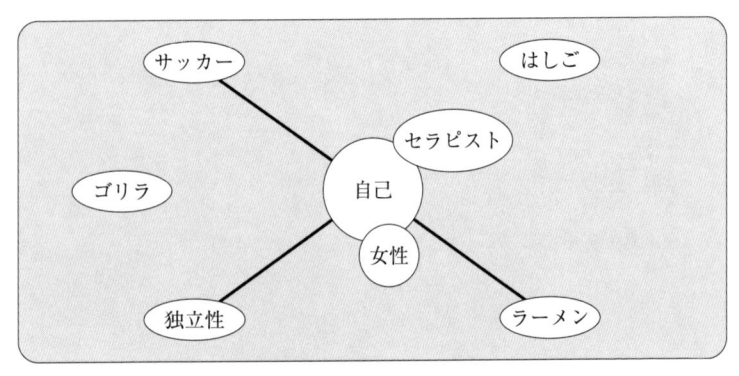

図4 自己スキーマの構造

▶自己注目 (self-focus, self-focused attention)

　自己注目は，自覚状態（self-awareness：人が自分自身の方へ注意を向け，自らが自らを注目の的としている状態）と，自己意識特性（self-consciousness：普段から自己に注意を向けやすい性格特性）との両方を含む用語である。社会心理学における自己注目研究の端緒は，1972年に発表された客体的自覚理論に遡る。この理論は，人が自分自身に注意を向けたとき，どのような影響が認知・感情・行動へ現れるかを理論化しており，自己に注意を向けた「状態」について説明している。その後，自己意識尺度が開発され，特性としての自己注目に関する研究も始められた。なお，注意を向ける自己の側面は公的自己と私的自己に分けて考えられることが多い。公的自己とは自己の容姿や振る舞いなどの他者から観察されうる側面，私的自己とは感情，動機，思考，態度など他者が直接観察できない，その人のみが体験しうる側面のことをいう。（坂本）

☞ **関連**
（自己注目の）制御理論

☞ **文献**
30

☞ **本文参照ページ**
81，82，101-103，107，108，110，114，115，129，156

▶自己注目状況 (self-focusing situation)

　人は日常のいろいろな状況で自己に注意を向けている。坂本（1997）によると，自己に注目する状況（自己注目状況）は，①対人的状況（人との関わりのなかで自分について考える），②ネガティブ状況（嫌なこと，心配ごと，悲しいことなどがあったときに，自己について考える），③ポジティブ状況（楽しいこと，良いことやうまくいったことなどがあったときに，自己について

考える），④観察者状況（当事者ではなく，第三者となって観察する他者の言動がきっかけとなって自己について考える），⑤ひとり状況（何も他にすることがなくひとりでいるときに，自己について考える），⑥うらやみ状況（ポジティブな状態にいる人を羨望のまなざしで眺めるときに，それと比較して自分のことを考える）に分けられる。このうち，ひとり状況は自己注目の持続（自己没入）と関係しており，抑うつを悪化させる可能性がある。寝られないとき，自分のもつ悩みについてひとりで堂々巡りで考えこんでしまい，落ち込みが深くなるような例が挙げられる。（坂本）

☞ **関連**
　自己注目と抑うつの3段階モデル，自己没入

☞ **文献**
　30

▶自己注目と抑うつの3段階モデル (three phase model of self-focus and depression)

坂本（1997）による抑うつの発症・維持を説明する理論（図5）。たとえば，ネガティブな感情が増大する，自己評価が低下する，出来事の原因を自己に帰属するなど，自己注目と抑うつに類似の現象が見られたことから，自己注目から抑うつを説明する理論が他にも複数発表されたが，この理論では，自己注目の①始発，②作動，③持続という3つの段階に分けて検討している点が特徴的である。3段階のうち，特に重要なのは抑うつからの回復に関係する「自己注目の持続」の段階であり，自己注目の持続を測定する個人差特性として「自己没入」を導入した。この理論は，社会心理学の知見を活用して，抑うつの認知的メカニズムを明解に説明し実証的に検討しており，臨床的な示唆も含んでいる。（坂本）

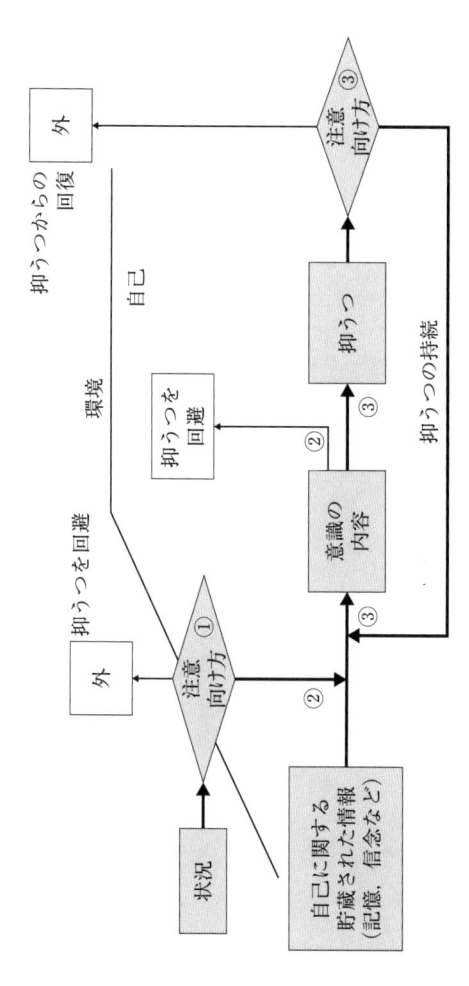

図5　自己注目とうつの3段階モデル

☞ **関連**
　自己注目状況，自己没入

☞ **文献**
　30

☞ **本文参照ページ**
　37

▶自己没入 (self-preoccupation)

　自己に注意が向きやすく，自己に向いた注意が持続しやすい傾向。自己注目と抑うつの3段階モデルの中で提唱された概念である。自己没入を測定する尺度として11項目からなる「自己没入尺度」がある。項目例は「長い間，自分についてのことで思いをめぐらせていることがよくある」「自分のことについて考え始めたら，なかなかそれを止めることができない」などである。自己没入的な傾向のある人は，抑うつが悪化したり，持続させやすかったりすることが研究から示されている。抑うつ以外にも，対人不安との関連が示されている。（坂本）

☞ **文献**
　30

☞ **本文参照ページ**
　29，37

▶社会的比較理論 (social comparison theory)

　フェスティンガーが1954年に提唱した理論。社会的比較とは，自己と他者を比較することである。フェスティンガーによると，人には自分の意見や能力を正しく評価しようという動因があるが，そのために物理的な基準が使

えない場合に，社会的比較を行う。その際，正しい評価をするために，自己と類似する他者が比較の対象とされやすい。

しかし，社会的比較において，自分をより好ましく思いたいという動機（自己高揚動機）が働くこともあり，自分より劣位の者と比較することもある（下方比較）。逆に，自分より望ましい状態にある者との比較することもあるが(上方比較)，この場合は自己をより良くしたいという動機（自己向上動機）があると考えられる。すなわち，自分より上位の者を「成功のモデル」として自己を良くしようという動機が働いていると思われる。（坂本）

☞ **文献**
11

▶（自己注目の）制御理論 (control theory)

客体的自覚理論を発展させて提出された理論（図 6 参照）。人が自己に注意を向けると，行動の適切さの基準が意識される場合がある。意識された場合，その基準と現在の状態とを比較し，現在の状態が基準を上回っていれば自己調整の過程が終了し，自覚状態から脱するが，基準に達しない場合，基準に近づけるように行動する。行動したことで，現在の状態が基準に達した場合，自己調整の過程は終了するが，基準に達しない場合，自己の行動を基準に一致させることができる可能性を推測し，この可能性が高いと判断すれば再び基準に一致させるよう行動する。しかし，可能性が低いと判断すれば，そうした試みは放棄され，ネガティブな感情を経験し自覚状態を回避する行動が取られる。基準が意識されない場合は，感情や身体状態など内的知覚経験に対する感受性が高まる。なお，理論の背景には，人は目標を設定しその目標を追求して行動する存在であるという人間観（自己調整する人間）がある。（坂本）

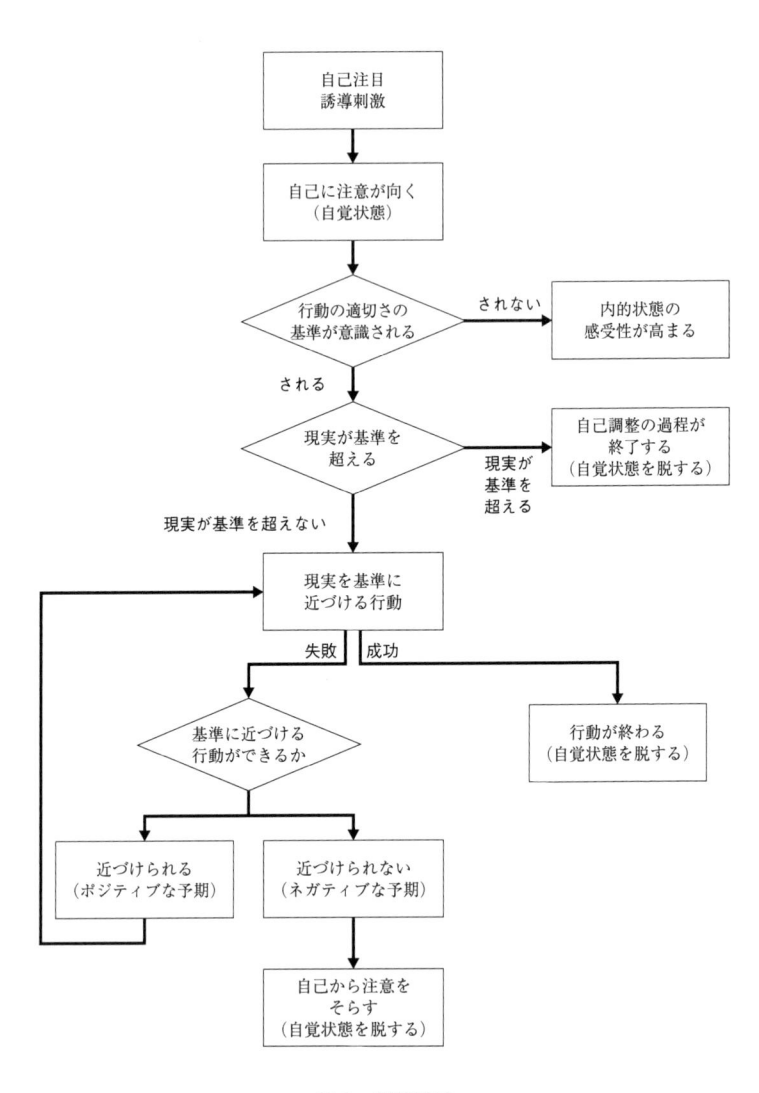

```
┌──────────────┐
│ 自己注目     │
│ 誘導刺激     │
└──────┬───────┘
       ↓
┌──────────────┐
│ 自己に注意が向く │
│ （自覚状態）  │
└──────┬───────┘
       ↓
   ◇行動の適切さの◇ ──されない──→ ┌──────────────┐
    基準が意識される              │ 内的状態の   │
       │                          │ 感受性が高まる│
     される                       └──────────────┘
       ↓
   ◇現実が基準を◇ ──現実が──→ ┌──────────────┐
      超える      基準を       │ 自己調整の過程が│
       │         超える       │ 終了する     │
  現実が基準を超えない         │ （自覚状態を脱する）│
       ↓                      └──────────────┘
┌──────────────┐←─────────────┐
│ 現実を基準に │              │
│ 近づける行動 │              │
└──┬────────┬──┘              │
  失敗     成功               │
   ↓        ↓                 │
◇基準に近づける◇  ┌──────────────┐
  行動ができるか   │ 行動が終わる │
   │              │ （自覚状態を脱する）│
   ↓              └──────────────┘
┌─────────┐  ┌─────────┐
│近づけられる│  │近づけられない│
│（ポジティブな予期）│（ネガティブな予期）│
└────┬────┘  └────┬────┘
     │            ↓
     │      ┌──────────────┐
     │      │ 自己から注意を│
     └──────│ そらす       │
            │ （自覚状態を脱する）│
            └──────────────┘
```

図6　制御理論

☞ **関連**
自己注目

☞ **文献**
30

☞ **本文参照ページ**
101

▶ソシオメーター理論（socio-meter theory）

人間は社会を構成して生きる生物であり，生物学的な自己の状態（たとえば，病気や怪我がないこと）だけでなく，社会的な自己の状態（たとえば，他者から脅かされる，排除されるリスクがない）を意識して，自分自身の社会的な安全を確保することが必要である。つまり，自己の社会的状況を常にモニタリングしていると仮定され，その結果を示す心理的機能が存在すると考えられる。米国のリアリーらは自尊心（self-esteem）がその機能を果たしていると考え，資料を収集したところ，自尊心には社会的状況を示すメーターとして，そして自尊心の低下は社会的な排除や安全性の欠如を警告するアラームとして機能していることが示された。この理論によると，人間は自尊心を高めることではなく，自分の社会的な受容と社会的価値を高めるように動機づけられることが示唆される。なお，受容－拒絶のメッセージで変動する自尊心にはそれぞれ上限と下限があることも示されており，自尊心の全てがソシオメーターというわけではない。（杉山）

☞ **関連**
被受容感，被拒絶感

☞ **文献**
37

☞ **本文参照ページ**
72

▶ソーシャルサポート (social support)

人に対して与えられる支援をソーシャルサポートというが，統一した定義は今のところない。サポートした側が支援と思っても，された方は迷惑と感じることもあり，サポートを正確に定義することは難しいからである。「ソーシャルサポートとは何か」を論じるよりも，「ここでは……をソーシャルサポートとする」と定義したうえで，ソーシャルサポートの影響（特に心身の健康に及ぼす影響）を調べる研究が多い。

ソーシャルサポートがもつ支持的機能については，情緒的サポートと道具的サポートに大別される。たとえばある人が困っているとして，その人の話を聞いて共感したり愚痴を聞いたりして不快な感情を軽減するとか，励ましたりその人の良い点を評価したりして自尊心の回復を促すなどが情緒的サポートである。また，その人が困っている理由を考え，実際に解決に向けて手を貸すなど，直接・間接に問題解決を助けることが道具的サポートである。

全般的にはソーシャルサポートは心身に良い影響をもたらすと言えるが，支援者の意図に反して，サポートの受け手にネガティブに評価されてしまう場合もある。（坂本）

☞ **文献**
32

☞ **本文参照ページ**
32, 38, 43, 141, 142, 171

▶内集団－外集団 (in-group, out-group)

自分が所属する集団を内集団，それ以外の集団を外集団と呼ぶ。具体的

にどの集団が内集団とされるかは状況に依存する。たとえば，大学対抗の試合を観戦する状況では，「自分の所属する（した）大学」が内集団となるが，大学内で学部対抗の試合を観戦する状況では，「自分の所属する（した）学部」が内集団となる。同様に，男女別が問題となる状況では「男性（もしくは女性）」が，年齢が問題となる状況では「世代」が，それぞれ内集団となる。

　一般的に，内集団と外集団に対する認知には偏りがあることが知られている（内集団－外集団バイアス）。つまり，人は内集団を外集団よりも好意的に評価したり，内集団内の多様性は高く，外集団内の多様性は低く判断したりする。（坂本）

☞ **文献**
 11

☞ **本文参照ページ**
 73

▶内的統制感 (internal control)

　自分の身の回りの出来事は自分自身によってコントロールされているという行動と結果の随伴性認知。たとえば，試験で良い成績が取れるかどうかは出てきた問題との相性など偶然で決まる（外的統制感）と考えるよりも，勉強した分だけ良い成績が取れる（内的統制感）と考えていたほうがスムーズに行動できる。このことは，ストレス状況や置かれている事態への統制可能性にも反映され，内的統制感をもてない場合は，適切な対処行動や変化に動機づけられにくい。また，不快な刺激に対する内的統制感をもてると刺激の主観的な強度が減ることも知られており，たとえば苦情を言えば騒音をやめてもらえると思っていると，何をしても騒音はどうにもならないと思っているよりも騒音の不快感が小さくなる傾向にある。ただし，内的統制感が高すぎると，身の回りのあらゆる出来事に強迫的に責任を感じる一因になるので，適度な高さが必要であるとされている。（杉山）

☞ **関連**
動機づけ／モチベーション，随伴性／三項随伴性，行動理論

☞ **文献**
41

☞ **本文参照ページ**
72

▶認知的不協和 (cognitive dissonance)

　フェスティンガーが1957年に提唱した認知的動機づけ理論（動機づけに関して認知過程を重視する理論）。フェスティンガーは，自己や周囲の環境に関する知識を認知要素とし，それらの間に生ずる矛盾を不協和と呼んだ。そして，不協和の状態は，私たちに不快な緊張状態を生じさせるという（不協和の大きさは，不協和な認知要素が重要であるほど大きい）。そして，この不快な緊張状態を低減すべく，私たちは認知や行動を変える。

　たとえば，愛煙家にとって「タバコは身体に毒だ」という情報は，認知的不協和を生じさせる。「タバコはおいしい，私は好きだ」という認知と，「そのタバコが，健康に生きたい私の身体を蝕む」という認知は矛盾するからである。ここで，禁煙を断行すれば認知的不協和は低減する。しかし，それがむずかしい場合，「タバコを吸って長生きしている人もいる」と考え，不協和な認知を変えることで，認知的不協和を低減することもある。また，「私はタバコでストレス発散をしているので，結果的には身体によいはず」と，新たな協和的な認知を付加することでも認知的不協和は低減する。（坂本）

☞ **文献**
11

☞ **本文参照ページ**
112

▶被拒絶感 (sense of rejection)

　自分は他者から蔑ろにされている，嫌がられている，という認知と情緒のこと。被受容感と同じく他者の自分に対する態度から形成される自己概念の一つと考えられ，他者全般から存在や関与を拒否されているという実感を反映した部分である。被拒絶感の高さが自己没入の高さに関わることから，抑うつの3段階理論と関連する対人関係要因と考えられ，心理的な「ひとり状況」とされている。被受容感とは中程度の相関関係が見出されることが多いため，被受容感とは別個の心理学概念とされている。なお，特定の重要な他者からの受容，拒絶とした場合，被受容感と被拒絶感にはかなり高い相関関係が見られることも報告されており，重要な他者の態度から形成される自己概念では，被受容感と被拒絶感の分化が相対的に低い可能性が示唆されている。また，被拒絶感が高い場合はネガティブな対人イベントを経験しやすいことも示唆されており，一種の不適応指標とも考えられる。一方で男性においては，他者や世の中に甘えようとする傾向が低い（甘えの断念）場合，被拒絶感が相対的に適応的に作用する可能性も示唆されている。（杉山）

☞ **関連**
　自己没入，自己注目と抑うつの3段階モデル，被受容感，ソシオメーター理論

☞ **文献**
　37

☞ **本文参照ページ**
　74，79，84

▶被受容感 (sense of acceptance)

　自分は他者から大切にされているという認知と情緒のこと。社会的存在としての人間の自己概念（自己スキーマ）は，他者の自分に対する態度から形成される部分があると考えられる。被受容感とはそのなかでも，自分が他者

全般から好意的に扱われているか否かの実感を反映した部分である。一種の人間関係認知であるが，情緒的な要素との結びつきが深いため，認知と情緒と定義されている。肯定的な気分とのつながりが強く，気分の変動の約20%を説明するので，気分一致効果が関わる抑うつ過程への関与が縦断調査から示唆されている。また，被受容感が高い人はポジティブな対人イベントを経験しやすく，感情が安定しやすいことも知られており，一種の適応指標としての側面もある。なお，概念そのものは，抑うつ（うつ病）の社会心理学的，精神分析学的，精神医学的な実証および実践研究を精査する過程で提案されたが，ロジャースの提案したクライアント中心療法の治療的態度の三条件（尊敬，共感，純粋性）と概念的に対応している。ロジャースの治療的態度の三条件によってセッション内での被受容感が個人内に醸成されると仮定され，またこのことが気分一致効果による建設的で前向きな考え方の促進につながると考えられている。（杉山）

☞ **関連**
ソシオメーター理論，被拒絶感，自己スキーマ

☞ **文献**
37

☞ **本文参照ページ**
72-74, 79, 80, 94

▶抑うつ的帰属スタイル (depressive attributional style)

ネガティブな体験をした場合，その原因を，①内的（その悪い結果は自分のせいで生じた），②安定的（その悪い結果は今後何回も起こるだろう），③全般的（その悪い結果は他の場面でも起こるだろう）と帰属しやすく，逆に，ポジティブな体験をした場合，その原因を，①外的（その良い結果は自分のせいで生じたのではない），②不安定的（その良い結果は今後二度と生じない

だろう），③特殊的（その良い結果は他の場面では生じないだろう）と帰属しやすい傾向のこと。このような帰属スタイルをもっていると，ネガティブな体験をしたときに，内的・安定的・全般的な要因に原因を帰属させてしまい（例：数学の試験で失敗したときに，「私は頭が悪いから」と能力に帰属させる），結果的に抑うつの症状が強くなる。抑うつから回復するためには，原因帰属の仕方に介入する可能性が考えられる（帰属療法と呼ばれる）。(坂本)

☞ **関連**
原因帰属

☞ **文献**
31

☞ **本文参照ページ**
85

パーソナリティ心理学 (Personality Psychology)

"パーソナリティの定義はパーソナリティ心理学者の数だけある"と言われているが，大きく分けると，何らかの刺激をその人らしい反応に変換する個人内要因を追求する観点と，人が人の個性をどのように認知して表現するのかを追求する観点に分けられる。

前者の観点では，何らかの刺激や状況に対応してその人らしい個別の反応をもたらす一種の心理的変換装置が存在すると仮定して，この変換装置をパーソナリティと考えて研究する。例えば，"微妙な知り合い" という刺激の入力により，"過緊張" という反応を出力する変換装置を，"対人恐怖心性" と仮定して構成概念を作り，場合によっては構成概念を生み出す認知的，神経－生理的な基盤を

探求することもある。本書では主にこの観点が扱われている。なお，刺激がほぼ統一されているにもかかわらず個々に反応が異なる，という現象が研究対象となるので，刺激の統一，すなわち測定ツールおよび測定方法の統一という心理検査の観点と親和性が高い。

後者の観点は，前者の観点でいう反応において繰り返される個性の記述を概念化の素材とするもので，代表的な理論に性格の5因子モデルがある。

なお，パーソナリティの典型例を設定する方法を類型論，多次元でパーソナリティを捉える方法を特性論という。（杉山）

☞ **本文参照ページ**
57，67，107

▶C・クロニンジャーの特性論 (C. Cloninger's trait theory of personality)

人間のパーソナリティを，生物学的要因に由来する気質（temperament）と社会環境に適応するために獲得する性格（charactor）に分類する理論。気質は4因子，性格は3因子があると指摘されている。性格の3因子は，自分自身の在り方や方向性を自覚している自己志向性，他者との共存共栄や互恵性に価値を見出す協調性，自分は大きな全体のなかの一部でこの世（宇宙）に生かされている面もあることを自覚する自己超越性とされている。自己超越性は中年期以降に獲得するもので，若年層では自己志向性と協調性がバランスよく発達して，社会の秩序も自分自身も大切にするようになることが課題の一つとされる。3因子が未熟な場合はメランコリックになりやすく，自己志向性が突出した場合は独裁的に，協調性が突出した場合は依存的に，自己超越性が突出した場合は無秩序になる。逆に自己志向性だけが未熟な場合は

気分循環型に, 協調性だけが未熟な場合は熱狂的になるという。なお, 気質は性格の獲得に影響を与える可能性が示唆されており, 気質と性格は完全に独立した因子ではなく, お互いの顕れ方に影響し合っている。(杉山)

☞ **関連**
気質, 損害回避

☞ **文献**
19

☞ **本文参照ページ**
83, 89

▶T・ミロンの類型論 (T. Millon's typology of personality)

人間の社会適応のスタイルを2つの行動の傾向(能動的 vs 受動的)と4つの強化(満足や安心)の源(自己, 他者, 両価性, 分離)という2次元で8類型に分類する理論。それぞれのスタイルが社会環境のなかで機能すれば社会適応するが, 機能しないスタイルを続けるときに周囲との葛藤やストレスが増し, パーソナリティの障害と呼ばれる状態になるとする。適応と不適応を同じ軸上で捉えることが可能で, また能動性が制限される場では受動的に, 強化の源が機能しないときは源を変えてみる, など個々人の適応の努力として場面の変化に応じた複数のスタイルをもつとされている。いわば個人の適応のスタイルをアセスメントする理論であると言えるだろう。なお, この理論のパーソナリティ障害の分類はスタイルが障害に移行した8類型から7つ, より重篤な障害とされる3つがDSM-IV-TRの第II軸に採用されており, エビデンスベースドな心理療法とは親和性が高いと考えられる。(杉山)

☞ **関連**
オペラント条件づけ, 正の強化/負の強化

☞ **文献**
 38

☞ **本文参照ページ**
 79

▶気質 (temperament)

　気質とは，生物学的要因に由来する個人の情動的な反応パターンで，個人内では無意識的に作用することが多い。遺伝的要因とされることもあるが，遺伝子は一義的に機能するわけではなく，環境からの刺激に応じて働くので，近年では環境との相互作用も含めて生物学的要因とされるようになった。すなわち，環境が変われば少なからず気質の働き方にも変化が見られることがある。C・クロニンジャーによると，拘束や退屈を嫌い目新しいものに関心を向ける新奇性追求，変化に過敏で否定的な連想をしやすく疲れやすい損害回避，条件づけのされやすさ（愛着の深さ）である報酬依存，ものごとに没頭しやすい傾向である固執，の4因子が知られている。新奇性追求の突出は反社会性に，損害回避の突出は強迫性に，報酬依存の突出は生真面目さに現れるとされ，新奇性追求と報酬依存の突出は演技性に，新奇性追求，損害回避，報酬依存の全体的な低さは統合失調質に現れるとされている。（杉山）

☞ **関連**
　C・クロニンジャーの特性論，損害回避

☞ **文献**
 19

☞ **本文参照ページ**
　30，46，83，102

▶損害回避 (harmit avoidance)

　C・クロニンジャーが見出した気質の一つ。この高さはささいなことでくよくよし，ビクビクすることで現れ，疲れやすくさせる。危険に囲まれた環境では適応的な側面があると考えられるが，行動の意欲や動機づけが低く，性格的な暗さにつながるため，現代社会では不適応と関わることがある。たとえば不安障害やうつ病の危険因子の一つとも考えられている。新奇性追求の突出を伴うと境界性に，報酬依存の突出を伴うと回避性に，新奇性追求と報酬依存両方の突出を伴うと自己愛性に関わるとされる。また，遺伝子多型があることが知られており，日本人の多くは損害回避が高くなりやすい傾向にある。そのため，損害回避が低い人は社会的に少数派になりやすく，このことが心理的負担になる場合もある。（杉山）

☞ **関連**
　C・クロニンジャーの特性論，気質

☞ **文献**
　⑲

☞ **本文参照ページ**
　101，107

▶内向性－外向性 (introversion-extroversion)

　C・ユングのタイプ論，H・アイゼンクのMPI，因子分析を徹底した性格の5因子モデルなど，パーソナリティの研究史のなかで再三指摘される因子。内向か外向かは網様体賦活系によって引き起こされる大脳皮質の覚醒（興奮）と制止によって説明できるとされ，内向者は覚醒レベルが高く，外向者は制止レベルが高いと考えられている。つまり，内向者のほうが刺激に対して敏感で，わずかな刺激で大脳皮質が過剰に覚醒しやすい。この過剰な興奮を避けるために内向者には刺激を回避する傾向が見られるとされる。一方，外向

者は刺激に対する大脳皮質の覚醒が遅く，覚醒の収束も早い。よって，強い刺激を求めて，活動的になるとされる。(杉山)

☞ **文献**
8

☞ **本文参照ページ**
56, 68

発達心理学 (Developmental Psychology)

人の生物としての発生から消滅まで，すなわち「ゆりかごから墓場まで」の発達的変化を対象とする心理学。認知，情動，社会性，人格形成，神経－生理，学習，動機づけ，など心理学のほとんどの観点が研究対象となるが，人は生涯を通して変化・成長を続けるという生涯発達の観点から「縦断的な変化」に注目する特徴がある。

心理臨床は対象者の中の「正常性－異常性」を区別する診断的観点だけでなく，広い意味での人格（個人内の適応機制）が変容する過程を捉える成長（成熟）支援の観点が必要となるため，発達心理学とは密接な関係にあるとされている。日本では乳幼児期の心理的課題とその青年期および成人期への影響についての精神分析的な理論が，臨床的な発達心理学とされることが多いが，情動調整など直接的に臨床的な示唆をもたらす研究も増え，また発達障害の支援への関心の高まりから，認知，社会性，神経－生理システムの発達過程の研究を臨床的に活用する場合もある。また，E・エリクソンの発達課題論のように，社会の中での心理発達に注目した，臨床的な

発達観の心理学的実証研究が行われるなど,発達心理学そのものの幅も広くなっている。関連する領域として乳幼児心理学,児童心理学,青年心理学,高齢者心理学などが挙げられる。(杉山)

☞ **本文参照ページ**
　31,37,43,87,167

▶生涯発達心理学 (life-span developmental psychology)

　世界的に高齢化が進む近年では,発達心理学の対象は「成人という完成体になるまで」から「受精から死に至るまで」に拡大されて,生涯に亘る多様な時間的変化を扱うという趣旨を強調して生涯発達心理学と呼ばれるようになった。主な観点としては発達を生物学的・社会的に普遍的な要因,時代特有の歴史的要因,個別的要因といったさまざまな要因が交絡する複雑な相互規定的作用の産物であるとし,成人という「完成体」は存在せず,人は生涯で遍在的に変化すると仮定する。また,発達は常に多次元的・多方向的であるとし,高い可塑性を認めている。また,能力の獲得と喪失は表裏一体の関係があること,発達を促す仕組みが社会・文化および歴史の中に埋め込まれていること,を仮定する。生物学,社会学,人類学といった多様な学問領域との密接な連携といった学際的アプローチを重視し,発達という現象そのものを根本的に,記述・説明し,時にはその最適化を図る学であるとされている。

(杉山)

☞ **文献**
　4

☞ **本文参照ページ**
　30,31,37

▶情動調整 (emotional regulation)

情動そのもの，または情動の要因や結果を自分自身で調整することの総称。心理学では，①内的な感情そのものの調整，②情動に関与する認知（状況への反応としての認知：自動思考）の調整，③情動に関連する生理過程や生活習慣の調整，④情動を喚起する運動や表情の調整，⑤社会的文脈での情動の表出の調整，⑥乳幼児・児童における情動を調整するスキルや方略の獲得過程，などが主な研究対象となっている。①について，情動は扁桃体の活動に起因するが，扁桃体は刺激と刺激の処理結果である知覚や思考に反応する。そのため，情動調整の有効な方法として注意の調整や問題との心理的な距離感の調整といった方法が有効な方法の一つとされることが多い。また乳幼児期の養育者との情動のやり取りの経験や安定型愛着スタイルが情動に与える影響も知られており，一部には対人関係要因の調整による情動調整を重視する心理療法もある。なお，情動調節（主に神経－生理学，医学，薬理学領域）という訳し方もある。（杉山）

☞ **関連**
扁桃体

☞ **文献**
9, 26

☞ **本文参照ページ**
90

▶独立－依存葛藤 (dependency-independence conflict)

臨床心理学が議論した心理学概念を心理学的な方法で実証的に検討した理論の一つで，広義には自我同一性の獲得過程の一部として知られている。E・エリクソン，P・ブロスは成年期後期の心理社会的な発達課題を議論した。それによると，児童期までの親に依存した親子関係の安定が自己の心理

的，生物学的変化によって崩され，それまでのような親への依存が困難になる。親との一体感が失われるなかで，自己概念の親との同一化によって支えられていた部分が崩壊し，親とは違う「自分らしさ（独自性）」を追求し始める。一方，親は早急には変わらず保護的／管理的な態度が続く。そのため，親に対する反発から独立欲求が高まるが，親の社会的，情緒的，道具的支援なしで生きられるほど成熟していないため，必然的に依存せざるを得ない。この葛藤のなかで，時に自己批判的に，時に他者批判的になり，感情的にも認知的にも混乱するが自律性（自分自身に対する内的統制感）を獲得して人としての成熟に近づくという。このような発達理論は常識的な発達観と近く，心理臨床で活用されることが多いが，基礎心理学の概念的基盤が希薄な点が課題である。（杉山）

☞ **文献**
　13, 22

神経－生理心理学（Neuro-physiological Psychology）

　心理的な現象を作り出す神経活動の性質とメカニズムを探求する神経心理学と，心理的な現象と生理的な反応の対応を探求する生理心理学を合わせて，神経－生理心理学という。

　前者は主に脳と心との関係を探る研究分野であり，心的活動の基盤としての脳の活動・反応を探求する心理学である。脳の各部位にどのような機能があるのかを検討する方法として，主に事故や病気などの理由で脳の一部を損傷した患者を対象に心理学実験や心理テストや行動観察などを行なう分野を，特に臨床神経心理学といい，主に眼球運動，文法・音韻処理，記憶過程などを手がかりに高次脳機能を研究する分野を認知神経心理学という。近年ではfMRI (functional magnetic resonance imaging：機能的磁気共鳴画像），PET（positron emission tomography：ポジトロン断層法）など非侵襲的な脳活動の計測法が発展したことで，人のさまざまな活動における脳の活動をより直接的に検討できる可能性が広がり，見識の累積が著しい分野とも言える。本書では主に神経心理学の観点から明らかになった脳と心の関係が扱われている。

　後者はポリグラフのように心理的な活動や状況が生理的な反応に反映されるという観点から，生理学的な客観的指標で心を測定するアプローチである。しかし，心理的な現象が生理的反応に帰結するメカニズムの探求という点では，神経心理学とパラダイムを共有していると考えられている。（杉山）

☞ **本文参照ページ**
　26，27，36，43，141

▶**海馬**（hippocampus）
　扁桃体と隣接し，タツノオトシゴのような形をしている。記憶（記銘）の中枢とされ，海馬を激しく損傷（または喪失）すると，新しい記憶を作ることが困難になるが（順行性健忘），損傷以前の記憶の再生には影響がない。また，海馬を破壊したラットは迷路学習が成立せず，また恐怖レスポンデント条件づけも成立しないが，破壊以前の学習は維持されるなど，学習の固定化にも関与する。これらのことから長期記憶を大脳皮質に移す前の一時的貯蔵庫とされる。可塑性が高く刺激に対して変化が早く，海馬神経細胞は壊れやすいが新生もする。この性質を活用した臨床介入として，たとえばトラウマティックな体験が長期記憶として固定化される前に，海馬神経細胞の新生を促進すると恐怖記憶の消去が促進されやすくなる，とされる。また，固定

化された恐怖記憶に対しては，安全を確認できる環境において，持続エクスポージャーなどの方法で新しい記憶に書き換えるなかで，海馬神経細胞の新生を促すことで恐怖記憶を除去できることが示唆されている。ただし，この方法はクライアントの負担が高い可能性があるので，安全の確認を含めて慎重に行う必要がある。なお，海馬の神経細胞はストレスやコルチゾールに弱く，うつ病や不安障害に悩む人は萎縮していることがある。コルチゾール分泌に関わっている扁桃体の過剰興奮の軽減を考慮する必要がある。(杉山)

☞ **関連**
　　レスポンデント条件づけ，ストレスホルモン

☞ **文献**
　　12

☞ **本文参照ページ**
　　53, 61

▶扁桃体 (amygdale)

　感情の黒幕または中枢とされる。扁桃体は約5億年前に脊椎動物が獲得したとされる比較的古い器官で，瞬間的な状況の判断（快-不快）に関わり，扁桃体を中心にしたシステムが一次感情を操って判断に応じた行動（快：近づく or 留まる or 緩む／不快：逃げる or 闘う or 静止する）を動機づけている。人間では脳のほぼ中央にある左右一対のアーモンド状の器官である。外部刺激に敏感で，思考（大脳）ともリンクしているが，感覚や知覚にダイレクトに反応して無意図的，自動的にも反応する。また対人刺激には特に敏感なので，激しい情動から対人場面で頻繁に混乱に陥らないように扁桃体を抑制する仕組みが幾重にも作られている。前頭前野の機能はその一つである。特に他者の怒り表情への反応は無意図的に強く抑制されることが知られている。なお，臨床的には軽蔑的な態度にも敏感に反応する可能性が示唆されている。

形成される記憶に感情価を付与する役割も持ち，記憶の形成にも関与している。特に恐怖に関連する出来事はより強く記憶される仕組みになっている。これは記憶を活用して危険を避けるための仕組みと考えられている。(杉山)

☞ **関連**
前頭葉／前頭前野，海馬

☞ **文献**
18

☞ **本文参照ページ**
26, 36, 53, 61, 73, 82, 141, 146

▶前頭葉 (frontal lobe) ／前頭前野 (prefrontal area)

前頭前野は脳の中では比較的新しい領域で，特に人類が誕生してから進化したとされる。額の裏側にあり，脳の司令塔と呼ばれ，脳の諸機能を統合する役割を果たしている。主な働きは，①情動（感情）を制御する，②行動を抑制する，③コミュニケーションを取る，④意思を決定する，⑤思考する，⑥記憶をコントロールする，⑦意欲を方向づける，⑧意識・注意資源を集中する，⑨注意資源を分散する，⑩計画を立てる，など，いわゆる高次の脳機能を司る。「意識が高い」「自覚がある」といった表現は，前頭葉／前頭前野が十全に機能している状態を指すと考えてよいだろう。3歳頃から部分的に機能し始め，20代半ばで完全に機能し始めるが，老化による衰えも比較的早いと言われている。なお，前頭葉は運動野なども含むより広い領域だが，いわゆる「前頭葉症状」と呼ばれるものは，前頭前野の機能低下による症状に覚醒障害，自発性の低下などを含む。(杉山)

☞ **関連**
扁桃体

☞ **文献**
7

☞ **本文参照ページ**
26, 27, 36, 53, 61, 82, 141, 146

ストレス心理学 (Stress Psychology)

　セリエが提唱した生理学的ストレスモデルは，生体に対するさまざまな刺激（ストレッサー）によって多様な生理的反応が引き起こされ，それが最終的に「汎適応症候群」と呼ばれる病的状態に至る生理的プロセスを記述したものであるが，ラザルスは，ストレッサーを認識する人間の心理的プロセスを重視し，セリエのモデルを拡張した形で心理学的ストレスモデルを提唱した。

　ラザルスのモデルの特徴は，環境や刺激（ストレッサーを与える側）と個人（ストレッサーを認識し，ストレス反応を起こす側）の相互作用を重視した点にある。つまり同じ環境や刺激でも，それをストレッサーとして個人に影響を与えるかどうかは，個人の認識や反応性によって異なる。そしてたとえそれがストレッサーとして認識され，心身にストレス反応が生じたとしても，個人の対処努力（ストレスコーピング）によってストレッサーを解決したりストレス反応を軽減したりすることができる。このような相互作用モデルに基づき，ストレッサーやストレス反応，およびストレスコーピングに関わる心理的プロセスを明らかにしようとするのがストレス心理学である。（伊藤）

☞ **文献**
   20

☞ **本文参照ページ**
   131

▶ストレスコーピング（stress-coping）／コーピング（coping）

「ストレスコーピング」（以下「コーピング」）とは，自分に影響を与えるストレッサーや自分の心身に生じるストレス反応を当人が認識し，それらの変容を意図的に図るプロセスのことであり，ラザルスの提唱した心理学的ストレスモデルにおける重要概念の一つである。「意図的に」というのが重要なポイントであり，当事者が自らを助けるために意識的に努力したことであれば，それをコーピングと呼ぶことができる。またコーピングそのものとコーピングの結果は区別して考える必要があるということも重要である。つまり衝動的にヤケ酒を飲むのと，自らのストレッサーやストレス反応を認識したうえで，「気晴らしをしよう」と思って酒を飲む場合，後者のみをコーピングとみなすが，その場合結果的にそれが気晴らしにならなくてもコーピングと呼ぶのである。

一般にコーピングは，コストがかからず，日常的に実施できるものが望ましいとされている。また複数のコーピングを組み合わせることが，心身の健康の増強につながるということが，多くの研究によって示されている。（伊藤）

☞ **関連**
   認知行動療法

☞ **文献**
   17, 20

☞ **本文参照ページ**
   61, 88, 125, 131, 136-141, 146, 160, 161, 170

▶ストレスホルモン (stress hormone)

　生理学的および心理学的ストレスモデルは，ストレスの過程をストレッサーとストレス反応に分けて考えるが，ストレス反応において重要な役割を果たすのが各種のホルモンであり，それらをストレスホルモンと呼ぶ。ストレスホルモンの分泌において特に中心的なのは，「視床下部‐下垂体‐副腎系（hypothalamic-pituitary-adrenal axis：HPA系）」であり，HTP系はうつ病やPTSDといった「ストレス性精神疾患」の研究のみならず，情動の神経科学においても中心的テーマの一つとなっている。

　具体的に言うと，生体は何らかのストレッサーをキャッチすると，HPA系の調整機構が働くことでストレスホルモンが適度に放出され，適応的な範囲内でのストレス反応を生じたり，適切なコーピングにつながったりするが，ストレッサーが重大だったりコーピングが非常に難しかったりすると，HPA系の調整機構がうまく働かなくなり過活動になって，ストレスホルモンが過剰に放出され，それが大脳辺縁系や前頭前野の活動の妨げになることが確かめられている。主なストレスホルモンとしてはグルココルチコイド（ヒトの場合はコルチゾール）がよく知られている。（伊藤）

☞ **関連（強）**
　神経‐生理心理学

☞ **関連（中）**
　ストレスコーピング／コーピング

☞ **文献**
　21

☞ **本文参照ページ**
　82

文　献

1. 安西祐一郎（1985）問題解決の心理学．中央公論新社．
2. D・A・クラーク［丹野義彦（監訳）］（2006）侵入思考——雑念はどのように病理へと発展するのか．星和書店．
3. W・ドライデン＋R・レントゥル［丹野義彦（監訳）］（1996）認知臨床心理学入門——認知行動アプローチの実践的理解のために．東京大学出版会．
4. 遠藤利彦（2010）発達心理学とはなにか？　In：坂本真士・杉山崇・伊藤絵美（編）臨床に活かす基礎心理学．東京大学出版会．
5. A・フリーマン［内山喜久雄・大野裕・久保木富房・坂野雄二・沢宮容子・富家直明（監訳）］（2010）認知行動療法事典．日本評論社．
6. 福井至（2008）図解による学習理論と認知行動療法．培風館．
7. エルコノン・ゴールドバーグ［沼尻由起子（訳）］（2007）脳を支配する前頭葉．講談社．
8. J・A・グレイ［八木欽治（訳）］（1991）ストレスと脳．朝倉書店．
9. Gross, J.J. (Ed) (2009) Handbook of Emotion Regulation. Guilford Press.
10. 箱田祐司・都築誉史・川畑秀明・萩原滋（2010）認知心理学．有斐閣．
11. 池上知子・遠藤由美（1998）グラフィック社会心理学．サイエンス社．
12. 池谷裕二（2001）記憶力を強くする．講談社．
13. 井上忠典（1995）大学生における親との独立——依存の葛藤と自我同一性の関連について．筑波大学心理学研究 17；163-173.
14. 井上毅・佐藤浩一（編）（2002）日常認知の心理学．北大路書房．
15. 伊藤絵美（2005）認知療法・認知行動療法カウンセリング初級ワークショップ．星和書店．
16. 伊藤絵美（2010）認知行動療法実践ワークショップ I ——ケースフォーミュレーション編（1）．星和書店．
17. 伊藤絵美（2011）ケアする人も楽になる 認知行動療法入門 BOOK1．医学書院．
18. 川村光毅（2007）扁桃体の構成と機能．臨床精神医学 36；817-828．
19. 木島伸彦（2010）クロニンジャーのパーソナリティ理論．In：坂本真士・杉山崇・伊藤絵美（編）臨床に活かす基礎心理学．東京大学出版会．
20. 小杉正太郎（編）（2002）ストレス心理学——個人差のプロセスとコーピング．川島書店．
21. 功刀浩（2010）うつ病におけるストレスホルモンの役割．臨床心理学 10-4；583-589．
22. Marcia, J.E. (1966) Development and validation of ego identity status. Journal of Personality and Social Psychology 3; 551-558.
23. 松見淳子（2007a）アセスメント，機能分析，そしてケースフォーミュレーションへ．In：下山晴彦（編）認知行動療法——理論から実践的活用まで．金剛出版．

㉔ 松見淳子（2007b）行動療法，そして認知行動療法．In：下山晴彦（編）認知行動療法——理論から実践的活用まで．金剛出版．

㉕ 宮本美沙子（1981）やる気の心理学．創元社．

㉖ 森田祥子（2005）乳幼児期の情動調整の発達に関する研究の概観と展望．東京大学大学院教育学研究科紀要 44；181-189．

㉗ 森脇愛子（2005）抑うつと自己開示の臨床心理学．風間書房．

㉘ 中津山英子（2010）5章 学習．In：福田由紀（編）心理学要論．培風館．

㉙ 大島 尚・北村英哉（2004）認知の社会心理学．北樹出版．

㉚ 坂本真士（1997）自己注目と抑うつの社会心理学．東京大学出版会．

㉛ 坂本真士・佐藤健二（編）（2004）はじめての臨床社会心理学．有斐閣．

㉜ 坂本真士・丹野義彦・安藤清志（編）（2007）臨床社会心理学．東京大学出版会．

㉝ 坂野雄二・丹野義彦・杉浦義典（2006）不安障害の臨床心理学．東京大学出版会．

㉞ 三宮真智子（2008）メタ認知——学習力を支える高次認知機能．北大路書房．

㉟ 清水寛之（2002）自己の状況とメタ認知．In：井上 毅・佐藤浩一（編）日常認知の心理学．北大路書房．

㊱ 杉山尚子（2005）行動分析学入門——ヒトの行動の思いがけない理由．集英社新書．

㊲ 杉山 崇（2005）抑うつと対人関係．In：坂本真士・丹野義彦・大野 裕（編）抑うつの臨床心理学．東京大学出版会．

㊳ 杉山 崇（2007a）コメント 1 ——基礎学探究の立場から．In：杉山 崇・前田泰宏・坂本真士（編）これからの心理臨床——基礎心理学と統合・折衷の心理療法のコラボレーション．ナカニシヤ出版．

㊴ 杉山 崇・前田泰宏・坂本真士（編）（2007b）これからの心理臨床——基礎心理学と統合・折衷の心理療法のコラボレーション．ナカニシヤ出版．

㊵ 杉山 崇（2010）6章 記憶．In：福田由紀（編）心理学要論．培風館．

㊶ 杉山 崇（2010a）8章 動機づけ．In：福田由紀（編）心理学要論．培風館．

㊷ 高橋雅延（2010）認知心理学とは何か．In：坂本真士・杉山 崇・伊藤絵美（編）臨床に活かす基礎心理学．東京大学出版会．

㊸ 植田一博・岡田 猛（2000）協同の知を探る——創造的コラボレーションの認知科学．共立出版．

㊹ 山本淳一（2010）行動心理学とは何か．In：坂本真士・杉山 崇・伊藤絵美（編）臨床に活かす基礎心理学．東京大学出版会．

㊺ 山本淳一（2010）行動心理学を活かす．In：坂本真士・杉山 崇・伊藤絵美（編）臨床に活かす基礎心理学．東京大学出版会．

㊻ 山本眞理子・外山みどり・池上知子・遠藤由美・北村英哉・宮本聡介（2001）社会的認知ハンドブック．北大路書房．

おわりに

坂本真士

　本書を読み終わって，読者の皆さんはどのような感想をもたれたでしょうか。私は編者のひとりですが，本編では担当箇所がなかったため，ひとりの読者として読むことができました。そこで，私の貧弱な頭を叩いて，いくつか想定される読者の感想を並べ，その感想に対して編者としてのコメントを付けてみました。

●考えられる感想 I

——「臨床家って大変だなぁ。私も，うかうかしていられない。基礎心理学を勉強しなくては」

　素直な反応で，良い臨床家になりたいという動機づけが垣間見えます。私自身もいただいた原稿をコラムとあわせて読みながら，「臨床家ってすごく勉強しなくてはいけないんだな，偉いなぁ」と思い，感動を覚えました。また，「基礎心理学の臨床的ふだん使い」に至る，臨床家としての，また人間としての道のりも実にさまざまであること，そして，より良い臨床実践を目指して，もがきながら基礎心理学の知見を取り入れていったことにも敬服しました。

　基礎心理学の研究者だけでなく一般の人の中にも，「臨床心理士

たちはふつうの人にはわからない"神秘的なこと"で心理的な問題を解決しようとしている」と思っている人もいるかもしれません。もちろん，臨床実践のアート的な側面のもつ価値を否定するつもりはありませんが，後に述べるように，時代は臨床実践にも「専門家による説明責任」と「効果の実証」を要求することでしょう。その中で，アート的な側面が強調されすぎると上記のような誤解を生む恐れがあります。本書の執筆者が実践しているように，真剣にクライアントに向き合うためには，そしてよりよい実践をするためには，アート的な側面に固執することなく，基礎心理学のさまざまな知識を吸収していかなければならないでしょう。

●考えられる感想Ⅱ

――「"基礎心理学のふだん使い"というから，認知行動療法の話だと思っていたけど，それ以外のアプローチでも使えるんだ」

　たしかに認知行動療法は，基礎心理学と相性がよい心理療法です。しかし本書をお読みいただいたことで，クライアント中心療法や森田療法，ユング心理学などのアプローチを使う場合でも，基礎心理学のふだん使いは可能だとわかっていただけたでしょう。

　臨床のさまざまなアプローチは，その背後にそれぞれ特有の人間観をもっています。臨床的なアプローチは，それまでになかった人間観を提起するように発展してきましたが，これらの人間観と基礎心理学の与える人間観は必ずしも矛盾するものではありません。たとえば，人は無意識に突き動かされて行動するかもしれませんが，

意識で行動する部分も当然あるはずで、両者は同じ人の中に共存しています。また、認知に無意識的な過程が関わっている可能性もあります。基礎心理学の知見に学び実践に取り入れることは、必ずしも臨床的な諸アプローチと矛盾するものではなく、むしろ臨床実践を補完し豊かにするものです。

●考えられる感想Ⅲ

──「クライアントに説明するだけのために、基礎心理学の知見を利用することが多いんじゃないか」

　たしかに本書では、苦悩を感じたり、生活がうまくいかなかったりする理由をクライアントに説明するために、基礎心理学の知見を用いている場面が多く登場しています。

　基礎心理学の知見を用いて説明することに関して、「基礎心理学的な説明は人の苦悩の本質を突くものではなく、表層的でレベルの低いものだ」という意見があるかもしれません。たとえば、どのようにして苦悩が強まったか（how）を社会心理学の概念で説明されても、それではクライアントがなぜ苦悩するのか（why）を本質的に理解することはできない、と考える方もいるでしょう。

　もちろん臨床実践においては、なぜクライアントが苦悩しているかを本質的に理解しようとすることは重要でしょう。しかしどのようにして苦悩が強まってしまったのかをクライアント自身にわかってもらうこと（自己把握）も、同じくらい重要だと思います。クライアントは心理的に混乱した状態にいますが、その中で自分の状態

を把握できない怖さや不安が，さらに心理的混乱や苦悩を強くさせる面もあるからです。

このような状況では，クライアントに受け入れられやすい，納得の得られやすい説明を基礎心理学に求めることは有効だと思います。クライアントはセラピストの説明に納得がいくことでセラピストに対する信頼感が増しますし，そのことは当然，介入によい影響を及ぼすでしょう。

また基礎心理学では一般の健常者をもとに理論やモデルが構築されています。したがって，（クライアントの状態によってですが）基礎心理学の知見を用いて自分の状態を説明されることで，それが一般の人の心理の延長にあると感じて安心するということもあるでしょう。言い換えれば，クライアントが自分自身のノーマライゼーション（「ふつう」に人生を送ること）についての期待，すなわちよりよい変化へのプラセボを高められる可能性もあるといえるでしょう。

セラピストだけでなく，クライアントも納得できる，希望をもてるような説明——そのカギを求めて基礎心理学を学ぶ価値はあると思います。

●考えられる感想Ⅳ

——「"ふだん使い"などといっても所詮，些末なことだ。クライアントの魂の救済のためには，こんなものは役には立たない」

基礎心理学が捉えているのは，クライアントの人生や存在という

壮大なものそのものではありませんが，その一部は捉えています。どんな壮大なものも些末なことがらを積み重ねて成り立っていることを考えてください。しかも自然科学的な実証的根拠があるわけですから，大切にしなければならないと私たちは考えています。

　また，基礎心理学の各領域にも，臨床心理学における諸理論と同様，life（人生，生活，生き物）に対する視点があります。臨床に関する知識や経験に加え，基礎心理学の知識を複眼的にもつことは，臨床実践をより豊かで広がりのあるものにすると思います。

　いろいろと述べてきましたが，感想は他にもあるでしょう。もし，本書を読んで「なにがしかの目新しさ」や「なんか嫌な感じや漠とした不安感」を感じたならば，ひょっとして「認知的不協和」を感じているのかもしれません（図）。

　セラピストならば，クライアントの役に立ち，良い実践をしたいと思うでしょう。本書で示したのは，「良い実践のためには基礎心理学が役に立つ」ということですが，同時に読者の中には「自分は基礎心理学のことはよくわからない」と思っている人も多いのではないでしょうか。こんなとき「認知的不協和」が生じます。つまり，「私が目指す良い実践のためには基礎心理学が役立つようだが，私は基礎心理学をほとんど知らない。ひょっとしてより貧しい実践をしているかもしれず，結果的にクライアントの役に立っていないかもしれない」と考えて，嫌な感じがしているのでしょう。

　認知的不協和の理論によると，こんなときは認知的不協和を解消する方向に人は進みます。「じゃあ，コラムに書かれていたように，

```
┌──────────────────────┐    ┌──────────────────────┐
│できるだけ良い実践がしたい│    │より良い実践のためには    │
│                      │    │基礎心理学が役に立つ      │
└──────────┬───────────┘    └──────────┬───────────┘
           │                           │
           ▼                           ▼
      ┌─────────────────────────┐
      │2つの認知間矛盾や不一致に│ ──── 認知的不協和の発生
      └────────────┬────────────┘
                   ▼
      ┌─────────────────────────┐
      │不協和の低減に動機づけられる│
      └────────────┬────────────┘
```

| 基礎心理学に背を向け、実践に浸かる〔情報の回避〕 | 「一般の人には当てはまるが目前のケースには関係ない」〔認知の付加〕 | 「基礎心理学のふだん使いなんて些末だ」〔認知の変化〕 | 基礎心理学について勉強する〔行動の変化〕 |

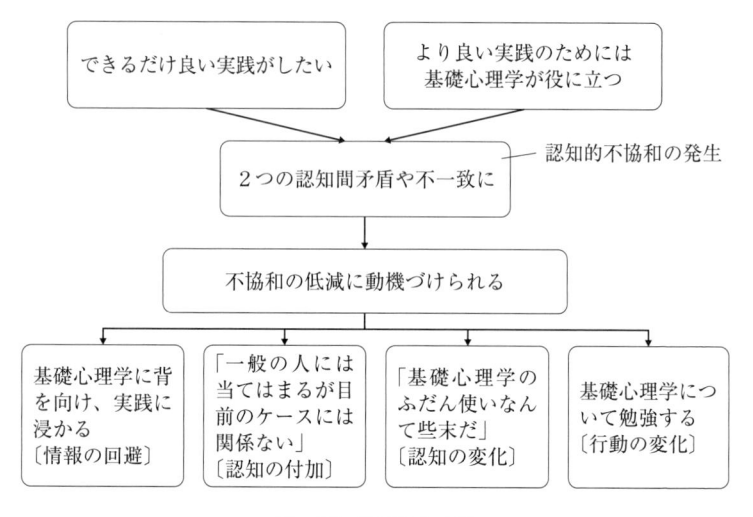

図　認知的不協和理論

自分のペースで基礎心理学について勉強してみよう」と考え，行動するのが一つの建設的な解決策です。こういう方向に進むことを編者は願っています。

　しかし認知的不協和は認知を変えることでも解消します。たとえば，「"ふだん使い"など所詮些末なことだ」と考えれば，認知的不協和は解消するでしょう。「たしかに一般の人には当てはまるかもしれないが，目前のケースには関係ない」と考えたり，「臨床の知を突き詰めていくことの方が大事だ」と考え基礎心理学から目を背けたりしても，同様の効果が得られるでしょう。これらの対処は，セラピストの心理的健康を保つためには必要なのでしょう。しかし，人の心理を解明すべく，1世紀以上かけて着々と積み上げられてき

ている基礎心理学の成果に目を背けることは，果たしてより良い臨床実践をするために有効なのでしょうか．

　編者は，基礎心理学について勉強するという建設的な解決策を読者の方に目指してほしいと願っていますが，臨床を続けながら基礎心理学を勉強することは現在の日本ではかなり大変です．基礎心理学に関する本はたくさん出ていますが，臨床家向けに書かれた本は極めて少ないからです．1冊だけ挙げるとすると，本書の源泉である坂本・杉山・伊藤（2010）でしょう．この本は基礎心理学の中から，臨床に役立つトピックを取り上げていますし，さらに基礎心理学を勉強するための読書案内も載せていますので，基礎心理学を学ぶきっかけとして手にとっていただければ幸いです．

　日本では臨床心理士資格取得後の研修においても基礎心理学に関するプログラムはほとんどないので，独学で学ぶしかないのが恨まれます．編者らも微力ながら基礎心理学と臨床心理学をつなぐ活動を続けて参る所存です．

　「ふだん使い」の同志が増えて，いずれは基礎と臨床の垣根を越えて，情報や意見のやりとりができる環境ができればよいと願っています．

文　　献
坂本真士・杉山崇・伊藤絵美（編）（2010）臨床に活かす基礎心理学．東京大学出版会．

著者略歴 (五十音順)

石垣琢麿
　東京大学大学院総合文化研究科

加藤 敬
　(社) こども心身医療研究所・診療所

北西憲二
　森田療法研究所・北西クリニック

末武康弘
　法政大学現代福祉学部・大学院人間社会研究科

中釜洋子
　東京大学大学院教育学研究科

福島哲夫
　大妻女子大学人間関係学部・大学院人間文化研究科

前田泰宏
　奈良大学社会学部心理学科

松浦隆信
　日本大学大学院文学研究科心理学専攻

森本幸子
　仙台白百合女子大学人間学部人間発達学科

編者略歴

伊藤絵美（いとう・えみ）

1996年慶応義塾大学大学院社会学研究科後期博士課程単位取得退学。洗足ストレスコーピング・サポートオフィス所長。博士（社会学），臨床心理士。

主著　ジェフリー・E・ヤング＋ジャネット・S・クロスコ＋マジョリエ・E・ウェイシャー『スキーマ療法―パーソナリティの問題に対する統合的認知行動療法アプローチ』（監訳，金剛出版，2008），『事例で学ぶ認知行動療法』（単著，誠信書房，2008），『臨床に活かす基礎心理学』（編著・東京大学出版会［2010］）ほか多数。

杉山 崇（すぎやま・たかし）

2002年学習院大学大学院人文科学研究科心理学専攻博士課程単位取得退学。神奈川大学人間科学部人間科学科准教授。臨床心理士。

主著　『抑うつの臨床心理学』（分担執筆・東京大学出版会［2005］），『これからの心理臨床―基礎心理学と統合・折衷的心理療法のコラボレーション』（編著・ナカニシヤ出版［2007］），『福祉と人間の考え方』（共著・ナカニシヤ出版［2007］），『臨床に活かす基礎心理学』（編著・東京大学出版会［2010］）ほか多数。

坂本真士（さかもと・しんじ）

1995年東京大学大学院社会学研究科博士課程修了（博士（社会心理学））。日本大学文理学部教授。

主著　『これからの心理臨床―基礎心理学と統合・折衷的心理療法のコラボレーション』（編著・ナカニシヤ出版［2007］），『抑うつと自殺の心理学―臨床社会心理学的アプローチ』（単著・金剛出版［2010］）『臨床に活かす基礎心理学』（編著・東京大学出版会［2010］）ほか多数。

事例でわかる心理学のうまい活かし方
―― 基礎心理学の臨床的ふだん使い ――

2011年9月10日印刷
2011年9月20日発行

編　者	伊藤絵美・杉山崇・坂本真士
発行者	立石正信
発行所	株式会社金剛出版
	〒112-0005　東京都文京区水道 1-5-16
	電話 03-3815-6661　振替 00120-6-34848
装　幀	戸塚泰雄（nu）
印　刷	新津印刷
製　本	新津印刷

ISBN978-4-7724-1212-4　C3011　　　　　　　　　　　　©2011　Printed in Japan

スキーマ療法
J・ヤング，J・クロスコ，M・ウェイシャー著／伊藤絵美監訳 パーソナリティの問題をケアする統合的な認知行動療法アプローチの全貌を述べる。 6,930円

認知行動療法を身につける
伊藤絵美，石垣琢麿監修 ストレスマネジメントと自己理解によるセルフヘルプを中心に，クライエントのニーズに応じたオーダーメイド式CBT。 2,940円

抑うつと自殺の心理学
坂本真士著 社会心理学と臨床心理学の「境界領域」から真の人間理解・心理援助へと向かうことを提言する，新たな時代の総合的アプローチ。 4,830円

子どもと若者のための 認知行動療法実践セミナー
松丸未来，下山晴彦，ポール・スタラード著 好評既刊『認知行動療法ワークブック＋ガイドブック』の続編。 2,730円

子どもと若者のための 認知行動療法ガイドブック
P・スタラード著／下山晴彦訳 幼少期から思春期・青年期への認知行動療法適用のためのガイドブック。 2,730円

子どもと若者のための 認知行動療法ワークブック
P・スタラード著／下山晴彦監訳 成人用に開発されてきた認知行動療法の，子ども対象ワークブック。 2,730円

山上敏子の行動療法講義 with 東大・下山研究室
山上敏子，下山晴彦著 行動療法の大家・山上敏子による，若手臨床家のための実践本位の東大講義！ 2,940円

認知行動療法100のポイント
M・ニーナン，W・ドライデン著／石垣琢麿，丹野義彦訳／東京駒場CBT研究会訳 臨床家必携・認知行動療法クイック・リファレンス。 3,045円

認知行動療法を学ぶ
下山晴彦編 日本の認知行動療法の第一人者たちによってつづられた本書の18講義から学ぶ，認知行動療法の全体像と個別事例への実践方法 3,780円

統合失調症を理解し支援するための 認知行動療法
D・ファウラー他著／石垣琢麿・丹野義彦監訳／東京駒場CBT研究会訳 統合失調症治療を根本から考え抜く認知行動療法論。 3,780円

心理援助の専門職として働くために
M・コーリィ，G・コーリィ著／下山晴彦監訳 学校や病院，企業の現場で，心理援助専門職の実践的態度，知識，技術を身につけるためのテキスト。 3,570円

心理援助の専門職になるために
M・コーリィ，G・コーリィ著／下山晴彦監訳 援助者自身の課題や教育訓練過程で生じる問題を豊富な事例とともに解説した初学者必携のテキスト。 3,990円

価格は消費税込（5％）です